客 房 服 务

张靓华　主　编

科学出版社
北 京

内 容 简 介

本书分为三个项目,即客房清洁整理的准备工作、客房的清洁整理和对客服务;书末设有附录。本书中的内容突出体现了实践性与操作性的特点,内容丰富,层次清晰,注重对学生实践能力的培养,具有较强的针对性和指导性,利教便学。

本书依据教育部印发的《中等职业学校高星级饭店运营与管理专业教学标准》,并参照相关行业标准编写而成。

本书既可作为中等职业学校旅游服务与管理专业的教材,也可作为饭店岗位培训用书。

图书在版编目(CIP)数据

客房服务/张靓华主编. —北京:科学出版社,2017

ISBN 978-7-03-054858-0

Ⅰ. ①客… Ⅱ. ①张… Ⅲ.①客房-商业服务 Ⅳ.①F719.3

中国版本图书馆 CIP 数据核字(2017)第 254994 号

责任编辑:涂 晟 / 责任校对:王万红
责任印制:吕春珉 / 封面设计:东方人华平面设计部

科 学 出 版 社 出版

北京东黄城根北街 16 号
邮政编码:100717
http://www.sciencep.com

三河市骏杰印刷有限公司印刷

科学出版社发行   各地新华书店经销

*

2017 年 12 月第 一 版   开本:787×1092 1/16
2017 年 12 月第一次印刷   印张:6 1/4
字数:148 000

定价:18.00 元

(如有印装质量问题,我社负责调换〈骏杰〉)

销售部电话 010-62136230   编辑部电话 010-62135763-2013

前　言

中国社会经济和旅游业的飞速发展，对中国饭店业在服务和管理上提出了更高的要求。作为饭店产品生产者和提供者的基层服务人员，其素质直接影响到人们对中国饭店业的整体评价。

目前国内有许多有关客房服务的书籍，每本书都有其独到之处。而本书的独到之处是从"客房服务岗位工作任务"分析出发，打破传统的知识传授方式，采用项目—任务式对客房服务的工作程序进行介绍，并将 2016 年全国职业院校技能大赛的相关内容融入课程教学中，注重培养学生的实践动手能力，实现专业教学与学生就业岗位的零距离对接，为饭店客房部门培养技能型人才。

客房服务是中等职业学校旅游服务与管理专业的一门主要课程。本课程的主要任务是讲授饭店客房服务实务的基础知识，训练学生掌握饭店客房服务的操作技能，培养学生从事饭店客房服务与客房部基层管理工作的能力及适应行业发展规律与职业变化的能力。

本书建议教学学时为 100 学时，具体划分如下：

项目	任务	参考学时
客房清洁整理的准备工作 （20 学时）	熟悉客房产品	2
	做好技术准备工作	8
	准备清洁设备	6
	准备清洁剂	2
	确定清扫顺序	2
客房的清洁整理 （50 学时）	敲门进房	4
	练习中式铺床	26
	清扫走客房	6
	清扫各类型房间	6
	提供夜床服务	4
	清洁保养地毯	4
对客服务 （30 学时）	提供小酒吧服务	2
	提供洗衣服务	3
	提供擦鞋服务	3

续表

项目	任务	参考学时
对客服务 （30学时）	提供物品租借服务	2
	处理报修物品服务	3
	服务 VIP	4
	提供会议服务	3
	处理投诉服务	4
	处理特殊情况服务	6
合计		100

　　由于时间仓促，加之编者水平有限，本书疏漏之处在所难免，敬请广大读者批评指正。

编　者

目　录

项目一
客房清洁整理的准备工作

 学习目标

1. 了解客房部的业务分工及客房服务各岗位的工作职责；
2. 熟记消防器具的位置，会使用消防器具；
3. 认识客房布草，根据客房的清扫程序确定房间物品在布草车内的摆放标准及配备数量；
4. 会使用吸尘器，掌握保养与维护吸尘器的方法；
5. 能分清清洁剂的种类，并能正确使用清洁剂完成工作；
6. 能根据客房的设计理念与客用品的摆放标准，熟练配备客房各种用品；
7. 学会看房态，能根据客房清扫的标准确定房间清扫的程序。

客房部又称房务部或管家部，是饭店的一个重要职能部门，它不但在饭店繁杂的日常工作中扮演着极其重要的角色，而且在饭店的管理中起着重要的作用。

任务一 熟悉客房产品

 任务要求

1）了解客房产品的基本要求。
2）熟悉客房的种类。

相关知识

一、客房产品的基本要求

客房产品清洁、舒适、方便、安全已成为饭店经营者追求的目标，也成为消费者选择、衡量饭店的基本要求。

二、客房的种类

客房是饭店的重要设施。饭店要满足不同类型和档次客人的需求，就要结合自身类型及地理位置，设计和布置相应类型和档次的客房。

1. 单人间

单人间是在房内配备一张单人床的客房。房内有独立的卫生间，面积较小，隐私性强，适合单身客人居住。

2. 大床间

大床间是在房内配备一张双人床的客房（图1-1），既适合夫妻居住，也适合单身客人居住。

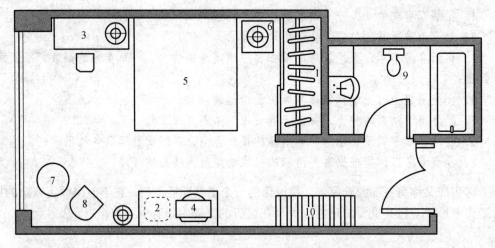

图1-1 大床间平面图

1. 衣柜；2. 小冰柜；3. 写字台；4. 电视机；5. 床；6. 床头柜；7. 茶几；8. 沙发；9. 卫生间；10. 行李架

3. 双人间

双人间是在房内配备两张单人床的客房，可供两人居住，也可供一人居住。带卫生间的双人间称为"标准间"（图1-2），一般被用来安排旅游团队和会议客人居住。

双人间内也可以放置两张双人床或一张双人床、一张单人床，后者很适合家庭使用。

4. 三人间

三人间是在房内配备三张单人床的客房。这类客房在高档饭店中很少见到。如客人需要，饭店往往采用在双人间中加一张折叠床的方式来解决三人住宿。

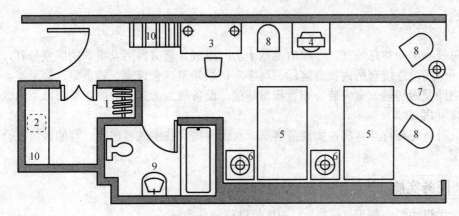

图 1-2　标准间平面图

1．衣柜；2．小冰柜；3．写字台；4．电视机；5 床；6．床头柜；7．茶几；8．沙发；9．卫生间；10．行李架

5．普通套间

普通套间又称标准套间（图1-3），一般为连通的两个房间：一间为卧室，卧室中配备一张大床或两张单人床；另一间为起居室，即会客室。

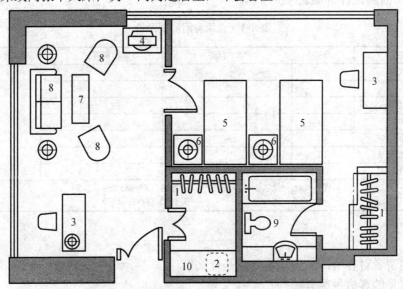

图 1-3　普通套间平面图

1．衣柜；2．小冰柜；3．写字台；4．电视机；5．床；6．床头柜；7．茶几；8．沙发；9．卫生间；10．行李架

6．豪华套房

豪华套房可以是双套间，也可以是三套间，分为卧室、起居室、餐室或会议室。卧室中配备大号双人床或特大号双人床。室内装饰布置和设备用品华丽高雅。

7. 总统套房

总统套房简称总统房，一般由七八个房间组成。套房内男女贵宾的卧室分开，男女卫生间分用。总统套房内拥有客厅、写字室、娱乐室、会议室、随员室、警卫室、餐室或酒吧间及厨房等。室内装饰布置极尽华丽，设备极为考究。一般三星级以上的饭店才有总统套房。

此外，还有特殊客房，如商务客房、女士客房、残疾人客房等，有的饭店还会设特色楼层。

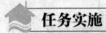 **任务实施**

学生以小组（每组 2～3 人）为单位进行任务实施。

1）参观当地高级饭店，了解各类客房及其特点。

2）绘制一张普通套间平面图。

3）模拟场景：为客人介绍房间。

任务评价

介绍房间测试评价如表 1-1 所示。

表 1-1　介绍房间测试评价

项目	分值	学生自评	小组互评	教师建议
仪容仪表	10			
仪态	10			
了解客情	10			
介绍房间	50			
道别	10			
综合表现	10			
总成绩	100			
备注	□ 优秀（86 分及以上）　　□ 良好（75～85 分） □ 一般（60～74 分）　　□ 较差（60 分以下）			

思考题

1）消费者对客房产品的基本要求是什么？

2）常见的客房种类有哪些？

任务二　做好技术准备工作

 **任务要求**

1）了解客房部的业务分工，认识客房服务各岗位的工作职责。

2）熟记消防器具的位置，会使用消防器具。

 **相关知识**

一、客房部的业务分工

（一）客房服务中心

客房服务中心既是客房部的信息中心，又是对客服务中心。它负责统一调度对客服务工作，正确显示客房状态，负责失物招领、发放客房用品、管理楼层钥匙、接受客人的服务要求和投诉、与其他部门进行联络协调等工作。不设客房服务中心的饭店，一般会设客房办公室，负责处理客房部的日常事务及与其他部门联络、协调等事宜。

（二）客房楼面

客房楼面主要由各类型的客房组成，与其他区域相分隔，成独立的客房区域。客房楼面设有工作间、储物仓，以便于服务员的工作。客房楼面人员主要负责全部客房及楼层走廊、楼梯厅、电梯的清洁卫生，同时还负责客房内布草的更换、照明设备的检修、低值消耗品的补充、家具清洁与布置等，为住客提供必要的服务。

（三）公共区域

公共区域的人员负责饭店各部门办公室、餐厅（不包括厨房）、公共洗手间、衣帽间、大堂、电梯厅、通道、楼梯、花园和门窗等的清洁卫生。小型饭店的公共区域，划归其他部门负责，以保证对客服务接待的质量。

（四）制服与布草房

制服与布草房主要负责所有员工的制服，以及餐厅和客房所有布草的收发、分类和保管。对有损坏的制服和布草及时进行修补，并储备足够的制服和布草以供周转使用。

（五）洗衣房

洗衣房负责收洗客衣、员工制服和对客服务的所有布草、布件。有的大型饭店，洗衣房独立成为一个部门，同时对外服务。有的饭店不设洗衣房，洗衣业务则委托社会上的洗衣服务公司负责。

二、客房部员工的岗位职责及工作内容

（一）客房部经理

1. 岗位职责

客房部经理全权负责客房部的运行与管理，督导下属管理人员的日常工作，确保为

客人提供优质高效的住店服务。其直接管理对象是客房部助理经理和客房部秘书，并且对饭店的总经理或房务行政总监负责。

2．工作内容

1）制订本部门的工作计划及年度预算，以使房务工作顺利进行。
2）主持部门例会，并参加每周由总经理主持的部门经理例会。
3）与其他部门经理联系并合作，保证房务工作的正常运行。
4）培训楼层主管并对其工作态度、表现和工作成效进行评价。
5）查看 VIP（very important people，贵宾）房，检查消防器具、防火工作和安全工作。
6）监察员工的工作操作程序。
7）处理投诉和检查遗失物品的处理情况。
8）留心市场上最新的清洁用品和技术。
9）探访病客和长住客。
10）巡视和检查本部门的工作情况，发现问题及时解决。

（二）客房部助理经理

1．岗位职责

客房部助理经理的职责是协助客房部经理完成楼面及公共区域的清洁及服务，在客房部经理的授权下，具体负责业务领域的工作并对客房部经理负责。

2．工作内容

1）当客房部经理不在时，代替执行客房部经理职责。
2）协助主持部门例会，并参加每周由总经理主持的部门经理例会。
3）负责部门培训工作，指导主管训练下属员工。
4）巡视房务范围，了解、掌握客情，指导用具安全操作和设备维护保养。
5）监察下属员工的工作表现，处理下属员工的纪律问题。
6）查看 VIP 房，并每天抽查已清扫的房间。
7）监察房间用品及清洁物料的消耗量。
8）处理住客及员工的投诉事宜。
9）慰问病客和长住客。
10）试用先进的清洁用品及技术。

（三）秘书

1．岗位职责

秘书负责信息的收发与传递，辅助客房部经理完成统计、抄写档案等文字性案头工作。其工作对客房部经理和助理经理负责。

2．工作内容

1）处理客房部经理的一切文书工作，如代表经理对外发放通知，准备文稿，每日按时收发报纸、信件，接待客人等。

2）参加部门例会，做好会议记录和存档工作。

3）处理进出员工手续办理，核实单据的分类、统计。

4）处理办公用品的领取发放，保持办公室干净、整洁。

5）统计考勤，每月向部门经理及人事部门提供员工出勤报告表。

6）向新员工讲解客房部的有关规定。

7）接受部门经理临时指派的工作。

（四）楼层主管

1．岗位职责

楼层主管负责楼层的清洁保养和对客服务工作，保障楼面的安全，使楼层服务的各环节顺利进行。其工作对客房部助理经理负责。

2．工作内容

1）保证所负责楼层的卫生质量、服务水准。

2）主持该负责区域的例会、当日楼层的人力安排与调配。

3）检查督导下属员工的工作，确保下属员工工作的规范化，并使员工处于良好的工作状态。

4）巡视检查所管楼层，确保房间清洁和达到对客服务工作的质量标准。

5）负责安排楼层房间的清洁工作，制订每月工作计划。

6）定期检查长住客的房间及征求长住客意见，并做好提供特别服务的记录。

7）负责对所管楼层的物资、设备和用品的管理工作。

8）处理客人的投诉。

9）处理下属员工报告的特殊情况和疑难问题。

10）对下属员工进行培训和考核。

11）对楼层和服务台的安全负责。

12）负责员工每月的评估工作。

（五）楼层领班

楼层领班的职责和工作内容与楼层主管所负责的工作基本相同，只是在管理幅度上有所不同，领班以督导和检查卫生班服务员是否按规定标准清扫房间的工作为主。在一些饭店里楼层不设领班，只设主管。例如，广州白天鹅宾馆每两层楼设一名主管，直接管理服务员，这样可以减少组织机构的层次。

（六）夜间总带班

1. 岗位职责

夜间总带班（夜间主管）代表部门经理主持夜班一切活动。例如，安排检查夜间楼层的客房清扫和对客服务工作，巡视楼层做好安全防范，处理夜间突发的房务事件等。

2. 工作内容

1）检查服务员夜床开始前的准备工作。
2）检查公共区域照明灯是否按规定开关、是否完好，窗户是否按要求上锁等。
3）安排夜间离店房的清洁整理工作。
4）督导服务台的工作情况，保证夜间的服务质量，控制夜间的服务标准。
5）检查服务班人员是否按规定开启通道门。
6）收集、整理住客状况，并将相关表格送至客房服务中心。
7）小结夜间检查情况，做好当值记录。

（七）楼层服务员

1. 台班服务员

台班服务员应具有较好的专业知识和英语口语表达能力；仪表端庄，待人热情，反应灵敏，具备一定的房务知识和解决问题的能力及技巧，对各种班种的工作程序、职责有详尽的了解。
（1）岗位职责
台班服务员应保证信息的准确沟通，对楼面的安全负责；核准房间状态，有权（在请示主管后）对卫生班、夜班下达工作指令。其工作对所属楼层的主管负责。
（2）工作内容
1）换好工衣，到客服部（服务中心）签到，并留意部门张贴的有关通知。
2）交接班后，整理好服务台，保持服务台和电梯厅的整洁。
3）熟记长住 VIP 的姓名，见面要用姓氏来称呼客人。
4）完成客人的服务要求，若遇到本楼层无法解决的服务问题，必须马上请示主管解决，不能擅自离开服务岗位。
5）对报修工作负责，报修后半小时无人到场或到场半小时后仍未恢复，应立即报告主管。
6）做好来访客人的送茶水、添座椅的工作。
7）留意是否有举动异常和特别需要照顾的客人。

8）一旦发现住客有换人、减人、增人或一人开两房（或以上）的情况，应立即报告主管。

9）住客、来访者和非本楼层工作人员的流动要有时间记录，以便随时检查。

10）严格执行"三轻（走路轻、说话轻、操作轻）"，确保楼层的安静。

11）保证向夜班、卫生班提供准确的房态、客情，以使夜班、卫生班能及时准确地完成房间的清洁、开夜床等服务。

12）把好来访时间关（来访时间一般规定为 8:00～24:00），在非来访时间内做好谢绝客人来访工作及清场工作。

13）夜台班在 2:00～6:30 可以指定座椅，在 7:00 前必须完成每日计划卫生及临时指派的工作。

14）填写好交班记录，并注意将本班发生的事件及需要下一班完成的工作形式记录在交班本上，对特别事项应加以口头说明。

2. 卫生班服务员

卫生班服务员应按清洁房间的标准、规格和操作规程清扫整理客房；爱护财务，责任心强；具备简单的英语口语表达能力。

（1）岗位职责

卫生班服务员应按操作规程完成对指定房间、卫生间的清洁工作，若房间有设备物品损坏，要及时向台班报告，严格执行"三轻"，确保楼层安静。其工作对主管负责。

（2）工作内容

1）换好工服，到客房部（服务中心）签到，领取钥匙及清洁房间报告表，并留意部门张贴的有关通知。

2）向台班了解房态。

3）检查布草车上的用品工具是否齐全。

4）把布草车推到指定的位置，并把吸尘器摆放在布草车的右侧。

5）按要求清理房间。

6）在看清楚是否夹带客人物品后，方可将撤下的脏布草运回工作间；回收的废品应整齐地放在指定位置；将垃圾捆扎好后放进垃圾槽。

7）对撤出的杯具进行严格的清洗消毒。

8）清洁、整理工作车要在工作间进行。

9）用完吸尘器后要抹干净，并放回指定位置。

10）叠布草，补充布草车，并把多出的布草整齐地放进布草柜中。

3. 夜班服务员

夜班服务员应熟悉客房整理与开夜床的标准和程序，能用英语进行简单的对话。

（1）岗位职责

夜班服务员应保持公共场所清洁，完成主管临时指派的任务，完成台班交代的对客服务要求。

（2）工作内容

1）掌握卫生班、夜班、台班的工作程序。

2）负责所属地段的公共区域的清洁（包括走廊、电梯间、工作间、员工卫生间、楼梯等）。

3）负责加床及撤换床。

4）负责完成主管指派的任务及客人的委托代办事宜。

5）负责巡楼、查房及房间小整工作。

6）完成开夜床工作及当天的卫生计划。

7）做好因台班短暂离开而顶替台班的工作。

三、客房服务员的基本要求及基本素质

1. 客房服务员的基本要求

1）微笑待客。"笑迎天下客"是饭店对客房服务员的基本要求。

2）精通业务。只有精通业务，才能随时为客人提供快速准确的服务。

3）视客人为贵宾。尊重客人，发自内心为其服务，做到热情、主动、周到、耐心。

4）礼貌待客。要仪容仪表规范、讲究语言艺术、态度和蔼大方、举止规范优雅。

5）敬业乐业。尊重自己的职业，热爱自己的岗位，履行自己的职责，只有"爱岗敬业"，才能为客人提供真正优质的服务。

2. 客房服务员的基本素质

1）身体健康。

2）吃苦耐劳。

3）有较强的服务意识和卫生意识。

4）有良好的职业道德。

5）掌握基本的设施设备维修保养知识。

6）具备一定的外语对话能力。

7）具备较强的应变能力。

四、消防器具的使用

（一）消防栓的使用方法

室内消防栓一般设置在每层楼公共部位的墙壁上，有明显的标志，内有水带和水枪。当发生火灾时，在确认火灾现场供电已断开的情况下，找到离火场距离最近的消防栓，打开消防栓箱门，按下手动警报按钮，将水带的一端接在消防栓出口水上，另一端接好水枪，将水带拉到起火点附近后方可打开消防栓阀门，握好水枪对准火焰根部进行灭火。

使用完毕，要先关阀门，再卸下接扣，收好水带，放回原处。消防栓的使用步骤为开箱—连接—开阀—灭火—收拾。

（二）便携式灭火器的种类及使用方法

便携式灭火器的种类及使用方法如表1-2所示。

表1-2　便携式灭火器的种类及使用方法

类别	适用范围	使用方法
水型灭火器	用于一般固体物质灭火	① 拔去保险锁 ② 按下手柄 ③ 将水等喷向燃烧物
泡沫灭火器	用于油类和一般固体物质及可燃液体灭火	① 将筒体上下颠倒两次 ② 将泡沫液体喷向火源
二氧化碳灭火器	用于低压电器和贵重物品（精密设备、重要文件）灭火	① 拔去保险锁或铝封 ② 压手柄或开阀门 ③ 对准燃烧物由外圈向中间喷射
干粉灭火器	用于低压电器灭火	① 拔去保险锁 ② 按下手柄 ③ 将干粉喷向燃烧物
卤代烷灭火器	上述灭火范围都适用，特别适用于精密仪器、电器设备、档案资料的灭火	① 拔去保险锁 ② 打开阀门 ③ 喷射火源

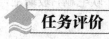

任务实施

学生以小组（每组2～3人）为单位进行任务实施。

1）了解当地高级饭店客房部组织机构设置及消防配备情况，收集当地客房岗位职责工作表。

2）每人自拟一个适合自己的岗位，阐述该岗位职责及如何做好该岗位工作。

任务评价

介绍岗位测试评价如表1-3所示。

表1-3　介绍岗位测试评价

项目	分值	学生自评	小组互评	教师建议
仪容仪表	10			
仪态	10			
阐述自拟岗位职责	50			
如何做好该岗位工作	20			
综合表现	10			

续表

项目	分值	学生自评	小组互评	教师建议
总成绩	100			
备注	□优秀（86分及以上） □良好（75～85分） □一般（60～74分） □较差（60分以下）			

思考题

1）客房部各岗位的工作职责是什么？
2）如何做到为客人提供优质服务？
3）灭火器有哪些种类？如何使用灭火器及消防栓？

任务三 准备清洁设备

任务要求

1）准备清洁设备及房间内所用物品。
2）能根据布草车的摆放标准摆放好各类布草。
3）认识吸尘器的类型，并能正确使用、保养与维护。

相关知识

清洁设备和清洁剂是清洁保养工作中必要的用具。饭店中常用的清洁设备既有手工操作的普通清洁设备，也有先进的电器清洁设备。正确使用它们，可以提高工作效率，保证清洁质量。

一、普通清洁设备

普通清洁设备是指不需要电动机驱动的清洁设备，如抹布，地刷、软毛刷，玻璃刮，房务工作车等。

1. 抹布

抹布是清洁家具物品和整理房间最方便、最实用的清洁设备，又是其他清洁设备所不能代替的。抹布的用途非常广泛，根据用途的不同，应使用不同规格和不同质地的抹布。为了保证抹布不交叉使用，最好以多种颜色区分，或做些明显的区别标志。为了保证清洁质量，抹布的洗涤、供应最好由洗衣房负责。

2. 地刷、软毛刷

清洁保养地面时，离不开手工刷地，地刷就成为某些场所、部位不便使用机器清洁时的最好用具。

软毛刷是一种手柄式的清洁刷，主要用于擦洗面盆、浴缸、瓷片墙面、马桶等。清洁不同的卫生洁具，要严格区分使用软毛刷，不能混用。客房清洁用的软毛刷，还有地毯刷、窗沟刷等。

3. 玻璃刮

玻璃刮又称刮水器，主要用于清洁玻璃净面。玻璃刮的刮头由橡皮制成，手柄可伸缩，有多种规格。使用时可根据需要选用，而且要注意用吸水布擦去刮头上多余的水，清洁效果会更好。

4. 房务工作车

房务工作车又称布草车，是客房服务员整理、清扫客房的主要清洁设备。房务工作车（图1-4）多为三层，用以存放客用物品（如床单、枕套等）及小件清洁设备。工作车的大小应以能够存放一天打扫客房所需的全部用品和有关工具为宜。工作车通常安装四只方向轮，便于转向移动，平时要注意加机油润滑，既可使车转动自如，又可消除噪声。

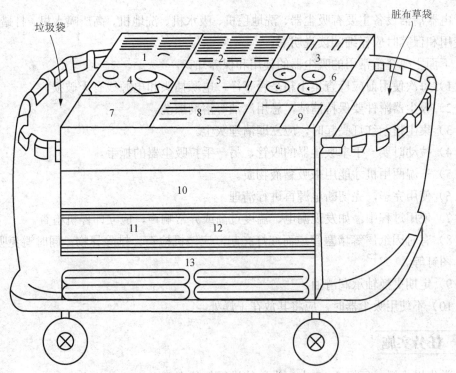

图1-4　房务工作车内主要用具的布置示意

1. 办公用品，如"请勿打扰"标牌、早餐牌和卫生袋；2. 洗衣袋；3. 面纸巾；
4. 抹布、空气清新剂；5. "房间已打扫"标牌；6. 浴帽；7. 卫生纸卷；8. 火柴、香皂；
9. 两扎洗脸毛巾；10. 两扎床单；11. 三扎手巾；12. 一扎枕套；13. 两扎浴巾

客房服务员每天下班前必须对房务工作车做检查，以便次日清洁工作的顺利开展，从而提高工作效率。客房工作车配备的步骤和要领如表1-4所示。

表1-4　房务工作车配备的操作要求

项目	操作要求
总体配置要求	打扫客房所需的所有用具、物品都应合理摆放在工作车上，并方便取用
上层客用品的配置	制作分隔槽，摆放物品后，覆盖遮布
固定轮上方一侧的配置	存放脏棉织品，挂袋中存放拖鞋和垃圾袋
中间层的配置	分层有序存放床单、被套、枕套等床品和"五巾（小方巾、面巾、大浴巾、小浴巾、地巾）"及干净杯周转箱，箱盖上可放记录表簿
万向轮上方一侧的配置	存放垃圾和挂卷纸

二、电器清洁设备

电器清洁设备主要有吸尘器、洗地毯机、吸水机、洗地机、高压喷水机、打蜡机等，在使用和保养时应仔细阅读说明书。

下面主要介绍常用的吸尘器的使用和保养知识。

1）每次使用前应检查集尘箱是否干净，电源插头和电源线有无破损。

2）吸尘器附件要保持清洁，忌用汽油等溶剂擦洗。

3）集尘指示红灯亮起时，应立即清理灰尘。

4）拉动时要一手拿吸尘器的吸管，另一手拉吸尘器的抓手。

5）干湿两用机才能用来吸黏液物质。

6）使用完毕，先切断电源再进行清理。

7）使用过程中，如发现漏电、温度过高或异常响声，应立即停机检查。

8）有时因纸屑等堵塞管道而红灯亮起，应停机检查，排除异物，同时避免吸入针尖、图钉等。

9）定期更换轴承润滑油。

10）不使用吸尘器时，应将其放在干燥处。

任务实施

学生以小组（每组2~3人）为单位进行任务实施。

1）了解当地高级饭店客房部使用的各种清洁设备。

2）去当地饭店或实习室进行实训，做到熟练配备房务工作车。

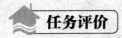

任务评价

配备房务工作车测试评价如表 1-5 所示。

表 1-5　配备房务工作车测试评价

评价内容	操作内容	评价	
		组内互评	教师评价
总体配置要求	摆放合理，方便取用	□是 □否	□是 □否
上层客用品的配置	分隔摆放，覆盖遮布	□是 □否	□是 □否
固定轮上方一侧的配置	放脏棉织品，挂袋中存放拖鞋和垃圾袋	□是 □否	□是 □否
中间层的配置	干净布草、周转箱、记录簿等摆放规整，符合要求	□是 □否	□是 □否
万向轮上方一侧的配置	存放垃圾和挂卷纸	□是 □否	□是 □否
总评：　　　□优秀　　　　　□良好　　　　　□基本掌握			

思考题

1）饭店的清洁设备有哪些？如何使用这些清洁设备？

2）怎样在房务工作车中摆放客用物品？

3）如何使用和保养吸尘器？

任务四　准备清洁剂

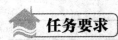

任务要求

认识清洁剂的种类，能正确使用清洁剂。

相关知识

为了保证客房清扫的质量及效率，要合理有效地使用清洁剂。不同的饭店使用清洁剂的种类可能有所不同，下面介绍 5 种常用的清洁剂。

一、家具清洁剂

常用的家具清洁剂品牌有碧丽珠牌、净安牌等。使用前，应注意阅读使用说明。

二、"三缸"清洁剂

常用的"三缸"清洁剂品牌有洁宝牌、洁而亮牌等。使用前，要注意稀释比例及用量。

三、玻璃清洁剂

玻璃清洁剂的主要成分是表面活性剂，略带碱性或是中性。使用时，即喷即抹，均匀擦拭。

四、金属抛光剂

客房内的金属制品，容易染上手印、被锈蚀，在使用金属抛光剂时，注意铜器表面要用铜水擦拭，不锈钢表面要用钢水擦拭。

五、地毯清洁剂

常用的地毯清洁剂有地毯粉等。使用前，要注意配量及水温。

 任务实施

学生以小组（每组 2~3 人）为单位进行任务实施。

1）了解当地高级饭店客房部使用的各种清洁剂。

2）研究讨论清洁剂的使用方法。

任务评价

合理使用清洁剂测试评价如表 1-6 所示。

表 1-6　合理使用清洁剂测试评价

评价内容	操作内容	评价	
		组内互评	教师评价
选择清洁剂	根据指定清洁物品的特性正确选择清洁剂	□是 □否	□是 □否
说明特点	可以去除何种污渍	□是 □否	□是 □否
正确使用清洁剂	判断是否采取防护腐蚀性措施	□是 □否	□是 □否
	判断是否需要稀释，如何稀释	□是 □否	□是 □否
	是否要浸泡，确定浸泡时间	□是 □否	□是 □否

总评：　　　□优秀　　　□良好　　　□基本掌握

思考题

清洁剂的种类有哪些？它们的用途及使用方法是什么？

任务五 确定清扫顺序

 **任务要求**

1）能识别房间状态，学会看房态，能通过房态确定清扫顺序。

2）根据客房清扫的标准确定房间清扫的程序。

相关知识

一、识别房态

房态及房态说明如表 1-7 所示。

表 1-7 房态及房态说明

房态	英文缩写	房态说明
住客房（occupied）	OCC	客人正在租用的房间
走客房（check out）	C/O	客人已离店，客房未清扫或正清扫
空房（vacant）	V	已清扫，待出租的房间
未清扫房（vacant dirty）	VD	未清扫的房间
住客外宿房（sleep out）	S/O	客人昨夜未归，应及时通知总台
维修房或待修房（out of order）	OOO	因设施设备发生故障处于维修中，暂不能出租的房间
已清扫房（vacant clean）	VC	该房间已清扫完毕，可以重新出租
无行李房（no baggage）	N/B	该房间的住客无行李
请勿打扰房（do not disturb）	DND	该房间的住客因故不愿服务人员打扰
贵宾房（very important person）	VIP	该房间的住客是饭店的重要客人
长住房（long stay）	LS	又称长包房，即客人长期包租的房间
请即打扫房（make up room）	MUR	客人要求立即打扫的房间
准备退房（expected departure）	ED	客人在规定时间前退房，但现在还未退
加床（extra bed）	E	该客房有加床
少量行李房（light baggage）	L/B	该房住客行李很少
饭店临时自用房（hotel use）	HSE	客房临时有其他用处，不安排客人入住

二、客房清扫顺序

淡季客房清扫顺序如图 1-5 所示，旺季客房清扫顺序如图 1-6 所示。

部门指示要打扫的房间	部门指示要打扫的房间
"请即打扫"的房间	空房
走客房	走客房
贵宾房	"请即打扫"的房间
普通住客房	贵宾房
其他住客房	普通住客房
空房	其他住客房

图 1-5　淡季客房清扫顺序　　　　　图 1-6　旺季客房清扫顺序

三、客房清扫要求

不同房态的客房，其清扫要求也不同，一般可分为如下 3 种。

1）简单清扫，如空房，一般只进行吸尘、清洁家具，并检查房间物品是否齐全即可。

2）一般清扫，如客人正在使用的房间，物品较多也不便挪动位置，只需把房间收拾干净即可。

3）彻底清扫，如走客房，因要恢复客房的使用价值，必须对其进行彻底的清扫，以便重新接待入住的客人。

任务实施

学生以小组（每组 2～3 人）为单位进行任务实施。

1）了解当地高级饭店客房部的客房清扫程序及清扫要求。

2）讨论记忆房态的英文缩写、房态说明及清扫要求。

任务评价

确定清扫程序测试评价如表 1-8 所示。

表 1-8　确定清扫程序测试评价

评价内容	操作内容	评价	
		组内互评	教师评价
识别房态	根据英文缩写,对相应房态进行说明	□是 □否	□是 □否
清扫程序	根据具体情况,确定清扫程序	□是 □否	□是 □否
清扫要求	空客房简单清扫	□是 □否	□是 □否
	住客房一般清扫	□是 □否	□是 □否
	走客房彻底清扫	□是 □否	□是 □否

总评:　　　　□优秀　　　　　□良好　　　　　□基本掌握

思考题

1)客房有哪些状态?英文缩写是什么?

2)客房的清扫顺序是什么?

3)客房清扫的基本要求是什么?

项目二
客房的清洁整理

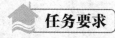 **学习目标**

1．熟练掌握每一个服务程序，熟悉每个程序的标准；

2．严格按照饭店制定的整理清扫的程序和标准进行清洁打扫，使之达到规定的质量标准，为客人提供一个舒适、方便的环境；

3．熟练运用各种礼仪，能够灵活应对各种特殊情况。

客房清洁卫生工作是客房部服务管理的重要内容。清洁卫生工作的好坏，直接影响客人的入住时间及回头率，它是饭店服务质量和管理水平的综合反映。因此，饭店必须高度重视，并严格按照服务的标准及要求清洁整理客房。

客房的日常清洁整理工作是客房部的一项重要的工作内容，也是衡量客房服务质量的一个重要标准。客房服务员应使饭店客房永远保持整齐、干净和富有魅力。客房卫生保持得好，才能满足客人最基本的需求并得到客人的赞扬。因此，客房服务员应对不同状态的房间，严格按照饭店制定的整理清扫程序和标准进行清洁打扫，使之达到规定的质量标准。

任务一　敲 门 进 房

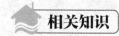 **任务要求**

1）按照礼貌礼仪知识规范敲门进房。

2）根据客人的实际情况，灵活地应对进房后可能出现的各种特殊情况。

相关知识

为了保证客房清扫的质量和工作效率，在进行客房整理和清扫前必须了解客房清扫的有关规定，并做好各项准备工作。

由于客人住进客房后，该房间就是客人的私人活动区域，因此，客房服务员在为客人提供服务的过程中，必须按一定的程序方可进入客人的房间。

一、敲门进房前的注意事项

1. 不能擅自进入客人的房间

例行清扫工作时，若客人在房间，必须征得客人的同意后才能进房。每天的清扫整理应安排在客人不在房间时进行。如果客人不离房，则应征询客人同意后方可进行打扫；若客人不同意，则需另行安排时间进房打扫卫生。

2. 养成进房前先思索的习惯

服务员在进房前，要尽量替住客着想，揣摩客人的生活习惯，不要因清洁卫生工作或其他事情而干扰客人的休息和起居。同时，还应考虑到是否还有其他事情要做。例如，如果客人在房间里用了早餐，那么服务员在去整理房间时，就应顺便带上托盘，以便及时收拾餐具。这样做既为客人着想，也减少了自己不必要的往返路程。

3. 注意房门和指示灯的提示信息

凡在门外把手上挂有"请勿打扰"牌、有反锁标志，或房门一侧的墙上亮有"请勿打扰"指示灯时，服务员不要敲门进房。如果到了14:00时，仍未见客人离开房间，里面也无声音，则可打电话询问。若仍无反应，说明客人可能生病或发生了其他事故，应立即报告主管。

4. 养成进房前先敲门通报的习惯

每位饭店员工都应养成进房间前先敲门通报，待客人允许后再进入房间的良好习惯。由于客房的特殊性，因此不论何种房态的房间都应按敲门进房的步骤进行。

二、敲门进房的步骤

敲门进房的步骤和做法如表2-1所示。

表2-1 敲门进房的步骤和做法

步骤	做法
观察门外情况	注意是否有"请勿打扰"牌、反锁标志
第一次敲门	站在距房门约1米处，用食指或中指的指关节敲3下门（或按门铃）
门外等候	眼望窥视镜，注意房内客人的反应，时间约5秒钟
第二次敲门	在第一次敲门客人无反应后再进行

续表

步骤	做法
第二次等候	与第一次等候时间相同
开门	一只手轻转钥匙，另一只手不离门把，将门推开约 30 度
表明身份	报称"服务员"，观察房内情况，若客人睡觉，退出房间，轻关门
进房	房间无人或客人允许后，方可进房清扫，注意将房门完全打开

三、讲究职业道德，尊重客人的生活习惯

1）保持良好的精神状态，吃苦耐劳，保证应有的工作效率。

2）不得将客用布件作为清洁擦洗的用具。

3）不得使用或接听住客房内的电话，以免发生误会或引起不必要的麻烦。

4）不得乱动客人的东西。

5）不得享用客房内的设备用品，不得在客房中休息。

6）不能让闲杂人员进入客房。如果客人中途回房，服务员也需礼貌地检查住宿凭证，核实身份。

7）如果客人在房内，除了必要的招呼或问候外，一般不主动与客人闲谈。客人让座时，应婉言谢绝，不得影响客人休息及其在房内的其他活动。

8）注意了解客人的习惯和要求，保护客人隐私，满足客人的合理要求。

9）完成工作后立即离开客房，不得在客房内滞留。

10）服务人员只能使用工作电梯。

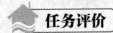

任务实施

学生以小组（每组 2～3 人）为单位进行任务实施。

1）设置房内场景，模拟敲门进房。

2）讨论服务人员应具备的职业道德。

任务评价

敲门进房测试评价如表 2-2 所示。

表 2-2　敲门进房测试评价

评价内容	操作内容	评价	
		组内互评	教师评价
进房步骤	严格按进房步骤和要求进行	□是 □否	□是 □否
敲门	距房门约 1 米，用食指或中指的指关节敲 3 下门	□是 □否	□是 □否

续表

项目	评分要求	分值	扣分	得分
羽绒被 （26分）	羽绒被放于床尾，羽绒被长宽方向与被套一致	1		
	抓住羽绒被两角一次性套入被套内，抖开被芯，操作规范、利落（两次扣2分，三次及以上不得分）	5		
	抓住床尾两角抖开羽绒被并一次抛开定位（两次扣2分，三次及以上不得分）	3		
	被子与床头平齐（以羽绒被翻折处至床头距离45厘米为评判标准，相差1厘米之内不扣分，1~2厘米扣1分，2~3厘米扣2分，3厘米以上不得分）	3		
	被套中线居中，不偏离床中线（偏离床中线1厘米以内不扣分，1~2厘米扣1分，2~3厘米扣2分，3厘米以上不得分）	3		
	羽绒被在被套内四角到位，饱满、平展	2		
	羽绒被在被套内两侧两头平整（一侧一头不平整扣1分）	2		
	被套口平整且要收口，羽绒被不外露（未收口扣1分）	2		
	被套表面平整光滑（每条水波纹扣1分）	2		
	羽绒被在床头翻折45厘米（每相差2厘米扣1分，不足2厘米不扣分）	3		
枕头（2个） （10分）	四角到位，饱满挺括	4		
	枕头开口朝下并反向床头柜	1		
	枕头边与床头边平行	1		
	枕头中线与床中线对齐（偏离床中线1厘米以内不扣分，1~2厘米扣1分，2厘米以上不得分）	2		
	枕套沿无折皱，表面平整，自然下垂	2		
综合印象 （12分）	总体效果：三线对齐，平整美观	6		
	操作过程规范，动作娴熟、敏捷、优美，能体现岗位气质和礼节礼貌	6		
合计		70		

操作时间： 分 秒 超时： 秒 扣分： 分

（3分钟之内不扣分，每超10秒扣2分，不足10秒按10秒计算）

选手跑动、跪床、撑床： 次 扣分： 分

实际得分

2016年全国职业院校技能大赛中职组酒店服务赛项——仪容仪表评分标准如表2-4所示。

表2-4 仪容仪表评分标准

项目		评分要求	分值	扣分	得分
头发 （1.5分）	男士	后不盖领	0.5		
		侧不盖耳	0.5		
		干净、整齐，着色自然，发型美观大方	0.5		

续表

项目		评分要求	分值	扣分	得分
头发 （1.5 分）	女士	后不过肩	0.5		
		前不盖眼	0.5		
		干净、整齐，着色自然，发型美观大方	0.5		
面部 （0.5 分）	男士	不留胡须及长鬓角	0.5		
	女士	淡妆	0.5		
手及指甲 （1.0 分）		干净	0.5		
		指甲修剪整齐，不涂有色指甲油	0.5		
服装 （1.5 分）		符合岗位要求，整齐干净	0.5		
		无破损、无丢扣	0.5		
		熨烫挺括	0.5		
鞋 （1.0 分）		符合岗位要求的黑颜色皮鞋（中式铺床选手可为布鞋）	0.5		
		干净、擦拭光亮、无破损	0.5		
袜子 （1.0 分）		男深色、女浅色	0.5		
		干净、无褶皱、无破损	0.5		
首饰及徽章 （0.5 分）		选手号牌佩戴规范，不佩戴过于醒目的饰物	0.5		
总体印象 （3.0 分）		走姿自然、大方、优雅	0.5		
		站姿自然、大方、优雅	0.5		
		手势自然、大方、优雅	0.5		
		蹲姿自然、大方、优雅	0.5		
		注重礼节礼貌，面带微笑	1.0		
合计			10		

思考题

中式铺床的程序及操作标准是什么？

任务三　清扫走客房

任务要求

1）能熟记房间的清扫程序，熟练清扫走客房。

2）运用铺床技巧做床。

3）能正确使用清洁剂清洁卫生间。

4）能正确使用吸尘器进行地毯清洁。

5）根据客人的使用情况补充房间的客用品。

6）随时检查小酒吧，及时补充小酒吧内的物品。

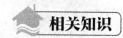

相关知识

一、相关规范及标准

1. 规范

客房清扫应按照一定的规范进行，一般的清扫规范如下。

1）从上到下。例如，擦拭衣柜时应从衣柜上部抹起。

2）从里到外。尤其是地毯吸尘，必须从里向外吸起。

3）先铺后抹。房间清扫应先铺床，后抹家具物品。如果先抹尘，后铺床，铺床而起的灰尘就会重新落到家具物品上。

4）环形清理。家具物品的摆设是沿房间四壁环形布置的，因此，在清扫房间时，亦应按顺时针或逆时针方向进行环形清扫以求时效及避免遗漏。

5）干湿分开。干湿分开是指在抹拭家具物品时，干布和湿布的交替使用要注意区分。例如，房间的灯罩、卫生间的金属器具等只能用干布擦拭。

6）先卧室后卫生间。先卧室后卫生间是饭店对住客房的清扫要求，走客房可以先卫生间后卧室。

2. 标准

房间的卫生标准一般以视觉来衡量，许多饭店制定了"十无"等卫生标准，具体内容如下。

1）四壁无灰尘、蜘蛛网。

2）地面无杂物、纸屑、果皮。

3）布草无污迹和破损。

4）卫生间清洁无异味。

5）金属器具无锈迹。

6）家具无污渍。

7）灯具无灰尘、破损。

8）茶具、冷水壶无污痕。

9）楼面整洁，无"六害（老鼠、蚊子、苍蝇、蟑螂、臭虫、蚂蚁）"。

10）房间卫生无死角。

客房的清洁卫生标准，仅凭员工的视觉和嗅觉来感受是不够的。饭店应聘请专业的卫生防疫人员对客房的温度、湿度、光照度、噪声、茶具与洁具的细菌含量及空气的质量等定期或临时抽样，进行科学的测试，以使客房的清洁卫生质量达到更高的标准要求。

二、走客房清扫程序

1. 卧室清扫程序

当天客人结账要退的房间，房内物品较乱也较脏，需要客房服务员彻底清扫，走客房卧室的清扫程序可以用 10 个字来概括，也称"十字诀"："开""清""撤""做""擦""查""添""吸""关（观）""登"。具体步骤和方法如下。

（1）开

1）按进入客房的程序规范地开门进房。保持房门完全打开至清扫完毕。

2）开灯、开空调。打开所有灯具和空调，检查是否有问题，如有问题立即报修。

3）拉开窗帘、打开玻璃窗，使光线充足便于清扫，同时让房间空气流通，必要时可打开空调，加大通风量，保证室内空气清新。拉开窗帘时要注意检查有无脱钩和损坏情况。

（2）清

1）清理烟灰缸。将烟灰缸里的烟灰倒入房间垃圾桶内，并在浴室内洗净、擦干、擦净。注意不要有未熄灭的烟头，也不要将未熄灭的烟头等脏物倒入坐便器内，以免坐便器堵塞。

2）清理垃圾桶和垃圾（包括地面上的垃圾）。将桌面和地面的垃圾及尖硬物品放入垃圾桶中。清倒垃圾桶时，要先检查有无贵重东西，如有电池或刮胡刀等锐利废弃物，应及时单独处理，并注意不要弄伤自己或他人。

（3）撤

1）检查有无客人遗留物品，发现遗留物品应在第一时间交给台班，设法尽快交给客人，并在卫生工作日志上做好记录。

2）撤走房内用餐的桌、盘、杯、碟和加的床等。

3）撤走用过的茶水具、玻璃杯。

4）撤走用过的枕套、被套、床单（表 2-5）。

表 2-5　撤床程序

步骤	注意事项
卸下枕套	① 注意枕下有无遗落物品 ② 留意枕头有无污渍
卸下被套	将被芯折好放在扶手椅上
揭下床单	① 从床垫与床架的夹缝中拉出床单 ② 注意垫单是否清洁 ③ 禁止猛拉床单
收取用过的床单、枕套	点清数量

（4）做

做床。参考本项目任务二，按铺床程序换上干净的床单、被套、枕套。

（5）擦

从房门开始，按环形路线，从上到下，从里到外，依次把房间各种家具、设备用品及装饰画等抹干净，不漏擦。在除尘中默记需要补充的客用品和宣传品数量，同时检查设备是否正常。注意擦拭墙脚线。擦拭过程如下。

1）房门：从上到下，由内而外抹净，包括窥视镜、防火通道图、"请勿打扰"牌等，并查看门锁是否灵活。

2）风口和走廊灯：定期擦拭。擦拭走廊灯时应使用干抹布。

3）壁柜：仔细擦净整个壁柜、衣架、挂衣棍，并检查衣架、衣刷和鞋拔子是否齐全。

4）酒柜：仔细擦净整个酒柜。

5）行李架（柜）：擦净行李架（柜）内外。

6）写字台、化妆台：①用干抹布擦拭写字台抽屉，并检查洗衣袋、洗衣单及手拎袋有无短缺；②可用半湿抹布从上到下擦净镜框、台面、梳妆凳，注意擦净桌脚和凳腿；③用干、湿两块抹布擦镜面，不得有布毛、手印和灰尘等；④用干抹布擦灯，并及时填补写字台物品。

7）电视机：用干抹布擦净并检查。

8）地灯：用干抹布擦净。

9）窗台：先用湿抹布后用干抹布擦净。

10）沙发、茶几：用干抹布掸去沙发表面灰尘，注意清理沙发背后和沙发缝隙间的脏物。先用湿抹布后用干抹布擦净茶几。

11）床头挡板及灯具：用干抹布擦净。

12）床头柜：①检查各种开关，如有故障立即报修；②用医用酒精棉球擦拭电话机。

13）装饰画：先用湿抹布，后用干抹布擦拭，并摆正。

14）空调开关：用干抹布擦净。

15）清洁卫生间：按卫生间的清扫程序操作。

（6）查

查看家具用品有无损坏，配备物品有无短缺，是否有客人遗落物品，要边擦拭边检查。

（7）添

添补房间客用品、宣传品和洗涤消毒后的茶水具。

（8）吸

由里到外进行地毯吸尘，对卧室地面和卫生间地面进行吸尘。

（9）关（观）

观察房间清洁整理后的整体效果，关玻璃窗、关纱帘、关空调、关灯、关门。

（10）登

在服务员工作日报表上做好登记。

2. 卫生间清扫程序

卫生间是饭店的重要设施，既要清洁美观，又必须符合卫生标准。卫生间的清扫程序可以用 10 个字来概括，也称"十字诀"："开""冲""收""洗""擦""消""添""刷""吸""关（观）"。具体步骤和方法如下。

（1）开

打开卫生间的灯，打开换气扇。将清洁设备盒放进卫生间。可在卫生间入口放上一块毛毡，以防止将水带入卧室。

（2）冲

放水冲净坐便器，再将清洁剂倒入坐便器清水中，浸泡数分钟。

（3）收

收走客人用过的"五巾"、洗浴用品和垃圾。

（4）洗

1）清洗浴缸：①从墙面到浴缸、浴帘里外彻底清刷，再擦干，尤其注意擦干墙面与浴缸的接缝处，以免发霉；②如果橡胶防滑垫较脏，可用一定浓度的清洁剂刷洗，再用清水洗净，最后可用浴巾（这是唯一允许将客用品做清洁用的物件）把垫子卷干；③用中性清洁剂擦拭开关、水龙头等金属件，再用干抹布擦干、擦亮；④留意对皂盒缝的清洁。

2）清洁脸盆和云台：①刷净台面、脸盆，再用干抹布擦干；②可用中性清洁剂擦拭不锈钢件，再用干抹布擦干、擦亮。

3）清洁坐便器：①刷净坐便器内部并用清水冲净；②用中性清洁剂清洁坐便器水箱、座沿盖子的内外及底座外侧；③用专用的干抹布将坐便器擦干；④浴缸、坐便器的干、湿抹布应严格区分使用，禁止用"五巾"做抹布。

（5）擦

擦净卫生间所有的设备（如毛巾架、浴巾架、托盘、吹风机、电话副机、卫生纸架、镜面等）和墙面。

（6）消

按照饭店要求的消毒方法对卫生间各个部位进行严格消毒。

（7）添

添补卫生间的棉织品和消耗品，并按规定的位置摆放好。

（8）刷

刷洗并擦干卫生间地面。

（9）吸

用吸尘器对卫生间地面吸尘，保证不留一丝线条、毛发和残渣。

（10）关（观）

观察和检查卫生间工作无误后即关灯并将门虚掩，将待修项目进行记录并上报。

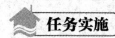 **任务实施**

学生以小组（每组 2～3 人）为单位进行任务实施。

1）了解当地高级饭店走客房清扫的相关标准及清扫要求，见习走客房清扫程序及方法。

2）在当地饭店或实习室清洁整理走客房。

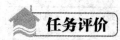 **任务评价**

清洁整理走客房测试评价如表 2-6 所示。

表 2-6 清洁整理走客房测试评价

评价内容	操作内容	评价	
		组内互评	教师评价
服务准备	按工作任务规范开班前例会	□是 □否	□是 □否
	按规范领取钥匙等相关用品用具	□是 □否	□是 □否
	按规范准备及整理房务工作车	□是 □否	□是 □否
	核实房态	□是 □否	□是 □否
	确定清洁整理顺序	□是 □否	□是 □否
规范进房	符合敲门及进房的规范标准	□是 □否	□是 □否
整理卧室	按规范流程合理地进行清洁整理	□是 □否	□是 □否
	正确选择及使用清洁设备	□是 □否	□是 □否
	按正确的方法规范抹尘	□是 □否	□是 □否

续表

评价内容	操作内容	评价	
		组内互评	教师评价
中式铺床 （3分钟内完成）	一次铺单到位，床单正面朝上、中线居中	□是 □否	□是 □否
	披边包角紧密平整，包角式样统一	□是 □否	□是 □否
	被套一次打开到位，被芯四角充实平整	□是 □否	□是 □否
	床面平整，床单、被套、枕套三线对齐	□是 □否	□是 □否
	不跪床、不绕床头	□是 □否	□是 □否
添补客用物品	按规范配置进行添补，物品摆放到位	□是 □否	□是 □否
清洁卫生间	操作流程规范合理	□是 □否	□是 □否
	正确选择及使用清洁设备	□是 □否	□是 □否

总评：　　　□优秀　　　　□良好　　　　□基本掌握

思考题

1）客房清扫的卫生标准是什么？

2）走客房卧室和卫生间的清扫程序是怎样的？

任务四　清扫各类型房间

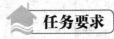 **任务要求**

1）认识空房、住客房、长住房、贵宾房、"请勿打扰"房，以走客房清扫程序为标准，比较各类房间清扫程序的不同之处。

2）完成对空房、住客房、长住房、贵宾房、"请勿打扰"房的清扫工作，体验客房的小整服务。

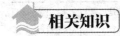 **相关知识**

不同性质的客房与走客房的房间清扫程序基本相同，但由于某些客房有客人仍在使用，所以在清扫时有些地方要引起服务人员的特别注意。

一、清扫客房的规定和报告事项

1. 清扫客房的有关规定

1）在客房内作业时，必须将房门打开。
2）不得使用或接听住客房内的电话。
3）不得翻阅客人的书报杂志和文件，更不能翻动客人的抽屉和行李。
4）不得随便挪动客人的行李、化妆品、衣物。
5）不得使用房内设备，如卫生间、床、椅子、电视机等，不得在客房内休息。
6）不能让闲杂人员进入客房。
7）不许在客房内更衣、吸烟、吃东西、看报纸杂志及食用客人的食品。
8）不要随意触摸客人的照相机、笔记本式计算机、手机、笔记本和钱包等物品。
9）不得将客用布件当作抹布使用。
10）不宜与客人长谈。
11）要如实填写房务员清洁记录表。

2. 发现下列问题需立即报告

1）客人损坏设施、设备和用具等物品。
2）发现客人遗留物品。
3）客人生病。
4）水电设备发生故障。
5）房间内有动物。
6）发现房间内有害虫和鼠类。
7）客人携带违禁物品。
8）客人虽然开房但从未使用。
9）空客房有人住过。
10）损坏了客人的物品。
11）住客人数、性别等和入住记录不符。
12）"请勿打扰"房从上午开始超过 14:00 且打电话无人接听。
13）房内有异常情况。
14）客人对服务、设施等方面有投诉。

二、清扫住客房

1. 客人在房间里

1）敲门或按门铃，得到允许后方可进房。

2）应礼貌地问好，询问客人是否可以清洁房间。

3）操作要轻，程序要熟练。

4）若遇来访客人，应询问是否继续进行清洁工作，若客人允许，要尽快清洁完毕。

5）清洁完毕后，应向客人致歉，并询问是否有其他吩咐，然后退一步，再转身离开房间，轻轻将房门关上。

2. 客人中途回房

在清洁工作中，遇到客人回房时，要主动向客人问好，征求客人意见，如说："先生，您好，请问可以打扫房间吗？"如未获允许应立即离开，待客人外出后再继续清扫。若客人同意，应迅速把房间清扫好，离开时还应礼貌地对客人说："对不起，打扰您了。"退出房间后要轻轻关上房门。

三、清扫长住房

长住客人因较长时间在饭店居住，在日常生活中一般会提出一些要求，对此服务人员应予以照顾。同时，在清扫整理房间时，要注意下列要求。

1）注意客人用品的摆放习惯，并小心进行操作。如果客人经常很晚睡觉，则不安排早上打扫卫生。

2）经常检查家具设备是否完好无损，如有损坏的要及时处理。

3）将客人的文件、书报等稍加整理便可。但不要移动位置，更不准翻看。

4）不得触及客人的钱和贵重物品。

5）除放在垃圾桶里的东西外，其他物品不得随意丢弃。同时，也要留意垃圾桶内有无客人误投、误放的有用物品，以防将客人的有用物品收走。

四、清扫空房

空房是客人离开饭店后已经清扫但尚未出租的房间。空房的整理虽然较为简单，但必须每天进行，以保持其良好的状况。在清扫空房时，要注意下列要求。

1）每天进房开窗、开空调，通风换气。

2）用干抹布除去家具、设备及物品上的浮尘。

3）每天打开浴缸和脸盆水龙头放温水 1～2 分钟，按 1～2 次坐便器的抽水按钮，放水。

4）如果房间连续几天为空房，则要用吸尘器吸尘一次。

5）检查房内有无异常情况。检查浴室内"五巾"是否因干燥而失去弹性和柔软度，必要时，要在客人入住前更换。

五、小整服务

房间的小整服务是对住客房而言的，住客房除了每天一次的全面清扫整理以外，在高档次的饭店里还有对 VIP 客人和散客住房进行小整服务的做法。也就是说，住客每次外出后，客房服务员都要对其住房进行简单的整理。这样做的目的是使住房客经常处于整齐洁净的状态，让客人每次外出归来都有良好的印象。这种做法的重要意义在于充分体现饭店的优质服务。

通常，房间小整服务主要包括下列内容。

1）客人睡过的床铺要按规范重新铺好，但不必更换床单、枕套。

2）将房内的垃圾杂物及烟灰清除干净。

3）将客人用过的茶杯、水杯撤出，并重新提供干净的茶杯、水杯。

4）将移动过的家具物品位置复原，并注意关好衣柜门和拉上窗帘。

5）清点小酒吧的酒水、食品，将耗用的情况报告给台班。

6）如果卫生间被用过，则应进行简单的清洁整理，使之干净整洁。

7）VIP 客人使用过的香皂，应予以更换。

8）检查房内冷、热水瓶的冷水和开水是否需要补充；房内的一些消耗品，如茶叶等，是否需要补充。

9）调节空调，使客房保持理想的温湿度。

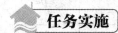

任务实施

学生以小组（每组 2～3 人）为单位进行任务实施。

1）了解当地高级饭店各类客房清扫的相关要求，见习各类客房清扫方法。

2）在当地饭店或实习室清扫各类客房。

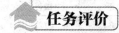

任务评价

清扫住客房测试评价如表 2-7 所示。

表 2-7　清扫住客房测试评价

评价内容	操作内容	评价	
		组内互评	教师评价
服务准备	按工作任务规范开班前例会	□是 □否	□是 □否
	按规范领取钥匙等相关用品用具	□是 □否	□是 □否
	按规范准备及整理房务工作车	□是 □否	□是 □否
	核实房态	□是 □否	□是 □否
	确定清洁整理顺序	□是 □否	□是 □否

客 房 服 务

评价内容	操作内容	评价	
		组内互评	教师评价
规范进房	符合敲门及进房的规范标准	□是 □否	□是 □否
整理卧室	按规范流程合理地进行清洁整理	□是 □否	□是 □否
	正确选择及使用清洁设备	□是 □否	□是 □否
	按正确的方法整理客人私人物品	□是 □否	□是 □否
中式铺床 （3分钟内完成）	一次铺单到位，床单正面朝上、中线居中	□是 □否	□是 □否
	掖边包角紧密平整，包角式样统一	□是 □否	□是 □否
	被套一次打开到位，被芯四角充实平整	□是 □否	□是 □否
	枕头四角到位，饱满挺括，表面及边沿平整	□是 □否	□是 □否
	床面平整美观，床单、被套、枕套三线对齐	□是 □否	□是 □否
	不跪床、不绕床头	□是 □否	□是 □否
添补客用物品	按规范配置进行添补，物品摆放到位	□是 □否	□是 □否
清洁卫生间	操作流程规范合理	□是 □否	□是 □否
	正确选择及使用清洁设备	□是 □否	□是 □否

总评：　　　□优秀　　　　□良好　　　　□基本掌握

清扫空房测试评价如表 2-8 所示。

表 2-8　清扫空房测试评价

评价内容	操作内容	评价	
		组内互评	教师评价
服务准备	按工作任务规范开班前例会	□是 □否	□是 □否
	按规范领取钥匙等相关用品用具	□是 □否	□是 □否
	按规范准备及整理房务工作车	□是 □否	□是 □否

续表

评价内容	操作内容	评价	
		组内互评	教师评价
服务准备	核实房态	□是 □否	□是 □否
	确定清洁整理顺序	□是 □否	□是 □否
整理卧室	按规范流程合理地进行清洁整理	□是 □否	□是 □否
	正确选择及使用清洁设备	□是 □否	□是 □否
	检查房内有无异常	□是 □否	□是 □否
添补客用物品	按规范配置进行添补，物品摆放到位	□是 □否	□是 □否
清洁卫生间	操作流程规范合理	□是 □否	□是 □否
	试用水龙头和坐便器的抽水按钮	□是 □否	□是 □否

总评：　　□优秀　　　　　□良好　　　　　□基本掌握

思考题

1）清扫客房有什么规定？

2）比较清扫走客房和清扫住客房的区别。

3）清扫长住房有什么要求？

4）怎样清扫空房？

任务五　提供夜床服务

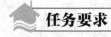

任务要求

按标准为客人提供夜床服务。

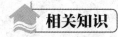

相关知识

一、夜床服务的意义

夜床服务又称晚间服务。夜床服务是一种高雅而亲切的对客服务形式，其内容包括做夜床、房间整理、卫生间整理 3 项。其意义主要有以下 3 点：①做夜床以方便客人休息；②整理环境，使客人感到舒适温馨；③表示对客人的欢迎和礼遇。

二、夜床服务操作程序及方法

通常在 18:00 以后开始夜床服务。夜床服务操作程序及方法如下。

1）进客房要敲门或按门铃，并通报自己的身份和目的——夜床服务。如果客人在房内，需经客人同意方可进入，并礼貌地向客人道晚安；如果客人不需要开夜床服务，服务员应在开夜床报表上做好登记。

2）开灯，并将空调调到适宜温度。

3）轻轻拉上遮光窗帘和二道帘。

4）开床：①将被子向外翻折成 45 度，以方便客人就寝。②拍松枕头并将其摆正。③按饭店规定在床头或枕头上放上鲜花、晚安卡、早餐牌或小礼品等。④双人间住一人时，以床头柜为准，开墙边近浴室的一张床，折角应朝向卫生间。两人入住大床间时，可两边都开；两人入住普通套间时，则各自开靠床头柜的一侧，也可同方向开。⑤饭店如提供一次性拖鞋，则在开夜床折口处地上摆放好。

5）清理烟灰缸、桌面，收拾垃圾，如有使用过的餐具也一并撤除。

6）按要求加注冰水，放报纸。

7）如有加床，则应在此时打开并整理好。

8）整理卫生间：①抽水坐便器放水；②脸盆、浴缸如已使用，应重新擦洗干净；③将地巾放在浴缸外侧的地面上；④将浴帘放入浴缸内，并拉出1/3，提示客人淋浴时应将浴帘拉上并放入浴缸内，避免淋浴的水溅到地面；⑤将用过的毛巾收去并换上干净的毛巾，并将使用过的毛巾按规定整理摆放好；⑥如有加床，应增添一份客用品。

9）检视一遍卫生间及卧室。

10）除夜灯和走廊灯外，关掉所有的灯并关上房门。如果客人在房内，不用关灯，向客人道别后退出房间，轻轻将房门关上。

11）在开夜床报表上登记。

任务实施

学生以小组（每组 2～3 人）为单位进行任务实施。

1）到当地高级饭店见习夜床服务程序及方法。

2）在当地饭店或实习室进行夜床服务实训。

任务评价

夜床服务测试评价如表 2-9 所示。

表 2-9　夜床服务测试评价

评价内容	操作内容	评价	
		组内互评	教师评价
服务准备	按工作任务规范开班前例会	□是 □否	□是 □否
	按规范领取钥匙等相关用品用具	□是 □否	□是 □否
	按规范准备及整理房务工作车	□是 □否	□是 □否
	核实房态	□是 □否	□是 □否
	确定清洁整理顺序	□是 □否	□是 □否
规范进房	符合敲门及进房的规范标准	□是 □否	□是 □否
整理卧室、卫生间	按规范流程合理地进行清洁整理	□是 □否	□是 □否
	正确选择及使用清洁设备	□是 □否	□是 □否
	开夜床位置正确	□是 □否	□是 □否
	合理摆放夜床晚安礼品	□是 □否	□是 □否
	按要求整理卧室、卫生间	□是 □否	□是 □否
添补客用物品	按规范配置进行添补，物品摆放到位	□是 □否	□是 □否

总评：　　□优秀　　　　□良好　　　　□基本掌握

思考题

1）夜床服务的意义是什么？
2）夜床服务操作程序及方法是怎样的？

任务六　清洁保养地毯

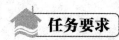 **任务要求**

1）正确使用吸尘器对地毯进行吸尘。

2）按标准程序和方法对地毯进行清洗、去污和保养。

相关知识

地毯因美观、安全、舒适、清洁、吸音、保温等特点被广泛地用于客房、餐厅、会议室等场所，也因其纤维、构造等方面的不同，在价格、使用区域、美观实用性、耐久性等方面有较大差异。

根据纺织纤维材料的不同，饭店常用的地毯主要有 3 类，即化纤地毯、天然纤维地毯（饭店常用羊毛地毯）和混纺地毯。

星级饭店除了一些易积水的公共区域外，一般不铺设低档化纤地毯。原则上要求星级饭店选用羊毛纤维比例较高的混纺地毯。

地毯的更新周期一般为 5～7 年，但这并不意味着可以忽视对地毯的保养。若保养不善，不到两年便面目全非；若保养得好，5 年后仍美观柔软如新，因此在饭店管理中绝不可以对地毯的保养掉以轻心。

一、地毯的吸尘

1. 作用

彻底的吸尘是保养地毯最重要的工作，吸尘不但可以除去地毯表面积聚的尘埃，还可以吸除深藏在地毯底部的沙砾，而且可以减少洗地毯的次数，恢复地毯的弹性和柔软度，延长其使用寿命。

2. 操作

1）地毯吸尘一般要求在客房区域每日一次，客人活动频繁的区域（如大厅、餐厅、商场等）每日不得少于 3 次。平时吸尘可用普通吸尘器，但应定期使用直立式吸尘器彻底吸除地毯根部的杂质、沙砾等。

2）吸尘前先清除区域内的垃圾和尖利物品。

3）吸尘时，客房或公共区域的角落、墙边等处应选用合适的吸尘器配件。

4）吸尘时应采用由里向外的方法并按一定的顺序进行，以免遗漏。

5）吸尘时应采用推拉式，推时应逆毛进行吸尘，拉时应顺毛进行吸尘，保证吸过的地毯纤维倒向一致，踩过后地毯不会出现阴阳面。

二、地毯的清洗

1. 方法

（1）水抽清洗
水抽清洗主要适用于化纤地毯。

1）用吸尘器全面吸尘。

2）稀释清洁剂，在地毯上全面喷洒清洁溶剂。

3）等待 15 分钟后，用洗地机抽洗地毯，最少两遍。

4）在清洗地毯的同时，用吸水机吸净已洗完的部分。

5）让地毯完全干透，可用地毯吹干机促干。

（2）干泡清洗

干泡清洗主要适用于羊毛、棉绒地毯等。

1）用吸尘器全面吸尘。

2）用专用的清洁剂对地毯上的污渍进行局部处理。

3）稀释地毯泡沫清洁剂，注入打泡箱。

4）用手刷处理地毯边缘和机器推不到的地方。

5）用地毯梳或耙梳顺地毯纤毛。

6）地毯干透后，用吸尘器吸去污垢和干泡结晶体。

2. 注意事项

1）工具、设备齐全适用。

2）清洁剂配置合理。

3）水温不宜过高。

4）清洁前要移开家具和其他障碍物。

5）边角部位要用手工处理。

6）如果地毯很脏可多次反复清洗。

7）必须待地毯完全干燥后才能使用。

8）局部的严重污迹应先用手工清除。

三、地毯的除渍

在日常工作中，发现地毯出现污迹，应立即加以清除，否则渗透扩散会留下难以清除的污渍，不同的污迹应用不同方法加以清除。饭店常见地毯污迹的处理方法如表 2-10 所示。

表 2-10　饭店常见地毯污迹的处理方法

污迹的种类	处理方法	备注
酒精、尿液、灰尘、铁锈、血液、啤酒、果酒、果汁、盐水、芥末、墨水、漂白剂	① 用 A 溶液浸湿清洁的抹布 ② 轻轻抹去污迹 ③ 用纸巾或干布吸干 ④ 用吸尘器吸干	A 溶液：30 毫升地毯清洁剂、一匙白醋与 120 毫升水的混合液 B 溶液：7%的硼砂溶液

续表

污迹的种类	处理方法	备注
巧克力、鸡蛋、口香糖、冰淇淋、牛奶、汽水、呕吐物	① 用A溶液浸湿清洁的抹布 ② 轻轻抹去污迹 ③ 用布或纸巾吸去液体 ④ 等待地毯变干 ⑤ 施用B溶液浸湿脏处 ⑥ 施用A溶液浸湿脏处 ⑦ 用干布或纸巾吸去液体 ⑧ 干后用吸尘器吸尘	A溶液：30毫升地毯清洁剂、一匙白醋与120毫升水的混合液 B溶液：7%的硼砂溶液
牛油、水果、果汁、油脂、食物、药膏、油漆、香水、鞋油、油渍、蜡	① 用A溶液浸湿清洁的抹布 ② 轻轻抹去污迹 ③ 用干布或纸巾吸去液体 ④ 等待地毯变干 ⑤ 用A溶液浸湿脏处 ⑥ 轻轻擦拭 ⑦ 用干布或纸巾吸干 ⑧ 干后用吸尘器吸尘	
地毯烧伤	① 用软刷清刷 ② 用吸尘器吸一遍	必要时用清洁剂溶液清洁
地毯严重烧伤	① 用美工刀割掉烧焦部分 ② 用同样的地毯胶贴或织补 ③ 清除痕迹	
地毯上有压痕	① 用蒸汽熨斗熨烫 ② 用软刷轻刷或用吸尘器吸，消除痕迹	—

四、地毯的保养

1. 采取必要的防污措施

采取适当的预防性措施，可以避免和减轻对地毯的污染，这是地毯清洁保养最积极、最经济、最有效的办法。具体的做法有以下3种。

（1）喷洒防污剂

地毯在启用前，可以喷洒专用的防污剂，其能在纤维外表形成一层保护层，起到隔绝污物的作用。

（2）阻隔污染源

饭店可在一些出入口铺上长毯或擦鞋垫，减少客人带进饭店的污物，从而减轻对包括地毯在内的地面的污染。

（3）加强服务

例如，客人有时会在房内吃一些瓜果，若发现这种情况时，服务员应为客人提供专门的用具用品，从而避免瓜果汁弄脏地毯。

2. 经常吸尘

吸尘是清洁保养地毯基本、方便的方法。服务员应每天吸尘，不要等到地毯很脏时再吸尘。

3. 局部除渍

发现地毯上有污渍要及时处理，以免渗透扩散或成为顽渍而难以清除，损伤地毯。

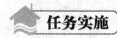 **任务实施**

学生以小组（每组 2～3 人）为单位进行任务实训。
1）到当地高级饭店见习清洁保养地毯的程序及方法。
2）在当地饭店或实习室进行清洁保养地毯实训。

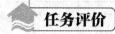 **任务评价**

地毯清洁与保养测试评价如表 2-11 所示。

表 2-11　地毯清洁与保养测试评价

评价内容	操作内容	评价	
		组内互评	教师评价
准备器具	树立告示牌或拉好安全围栏	□是 □否	□是 □否
准备器具	各类清洁剂准备正确、齐全	□是 □否	□是 □否
准备器具	各类清洁器具准备齐全	□是 □否	□是 □否
	检查各类器具	□是 □否	□是 □否
捡除硬物	细致地寻捡地毯上的各种硬物	□是 □否	□是 □否
清除污渍	辨别污渍的类别	□是 □否	□是 □否
	根据不同污渍选用不同的清洁剂和采用不同的清洁方法	□是 □否	□是 □否
	清除过程中操作规范，不怕脏、不怕苦	□是 □否	□是 □否
	清除过程中使用报废的干抹布	□是 □否	□是 □否
吸尘	正确使用吸尘器	□是 □否	□是 □否

续表

评价内容	操作内容	评价	
		组内互评	教师评价
吸尘	按照一定的顺序吸尘，注意墙边、角落，避免遗漏	□是 □否	□是 □否
清洗地毯	正确使用洗地毯机	□是 □否	□是 □否
	根据地毯脏污程度调配地毯清洁剂浓度	□是 □否	□是 □否
	为了防止地毯缩水，用钉子固定地毯四周和接缝处	□是 □否	□是 □否
	清洗过程认真、细致	□是 □否	□是 □否
	清洗过程中不能把地毯洗得过湿，避免水向下渗透	□是 □否	□是 □否
烘干拔松	正确使用烘干机	□是 □否	□是 □否
	正确使用吸尘器、拔松地毯纤维	□是 □否	□是 □否

总评： □ 优秀 □ 良好 □ 基本掌握

思考题

1）如何做好对地毯的吸尘？

2）如何做好对地毯的清洗？

3）如何清除地毯上的各种污渍？

4）怎样才能更好地保养地毯？

 知识链接

客房计划卫生

客房计划卫生是指一种管理制度，即在完成客房日常清洁的基础上，对房内一些平时不需要每天清洁但需要定期进行清洁保养的家具设备，如房门和家具打蜡、墙壁清洁、电话机消毒、天花板除尘、空调出风口的清洁等，拟订一个周期性清洁计划，并采取定期循环的方式，做好彻底的清洁保养工作。

客房的设备设施项目较多，日常的清洁卫生不可能对每项设施都进行彻底的清洁和保养。客房部必须对各项设备设施的清洁制订日常清扫和清洁保养计划。确定后的日常清扫项目必须每天完成，否则就难以保证客房的清扫服务质量。由于计划卫生项目是有计划地定期完成的，属于周期性的清洁保养工作，因此，计划卫生的内容和质量要求应根据客房设备情况合理科学地进行安排。

通常，客房计划卫生有下列一些内容。

1）空调出风口除尘。

2）家具背后除尘。

3）抽风机机罩和风叶除尘、除渍。

4）抽水马桶水箱除渍、除垢。

5）冰箱除霜。

6）下水口及管道喷药、除迹。

7）清洁墙纸。

8）清洁走廊墙身、清除蜘蛛网。

9）清洁走廊地脚线和房间地脚线。

10）电话机消毒。

11）卫生间天花板除尘。

12）卫生间灯箱抹尘。

13）床底除尘。

14）翻床垫。

15）清洗地毯、沙发、软座椅、床头板。

16）清洁木器家具。

17）洗浴帘。

18）镜框、画框除锈上油。

19）家具及大理石台面打蜡。

20）洗擦外窗玻璃。

21）工作间大清洁。

22）洗空调过滤网。

23）清洁露台、楼梯。

24）清洁电梯厅天花板。

由于脏的程度和速度不同，计划卫生的周期可以是多种类型。例如，地漏喷药可以3天为1个周期，清洁卫生间抽风机罩可以5天为1个周期，用医用酒精棉球清洁电话机可以15天为1个周期，翻床垫可以30天为1个周期，干洗毛毯、沙发等可以1个季度为1个周期，清洁纱窗、保护垫等可以半年为1个周期，家具打蜡、湿洗地毯可以1年为1个周期。

项目三
对 客 服 务

 学习目标

1．掌握对客服务的内容、程序和技巧；
2．做到细致、周到地为客人服务；
3．提高服务意识和服务质量，具备有效的协调及沟通能力。

对客服务是构成客房产品的重要因素。对客服务工作主要是指服务人员面对面地为客人提供工作服务，满足客人提出的各种合理要求。客人住店期间，不仅要求客房整齐、清洁、舒适，还要求通过我们的服务使客人感到愉快、亲切、安全，有"宾至如归"之感。

对客服务工作主要是围绕客人的迁入、居住、迁出3个环节进行的。客房服务员必须以主动、热情、耐心和周到的服务，使客人"来得高兴，住得满意，走得愉快"。

任务一　提供小酒吧服务

 任务要求

1）明确小酒吧服务的流程。
2）能正确进行小酒吧日常清点、酒水单核对等工作。
3）熟悉酒水和食品摆放的品种、数量及标准。
4）掌握小酒吧物品的领取及补充方法。

相关知识

三星级以上的饭店一般在客房内设有微型酒吧（图 3-1），也称迷你酒吧。以此为住客提供的服务，称为小酒吧服务。小酒吧内配置适量的酒水、饮用器具、价目单及食品等，并为客人免费提供茶叶、咖啡和饮用水。

图 3-1 微型酒吧

客房服务员每天须定时清点，及时补充食品、饮品等。清点时要认真仔细，逐一核对，以免出差错。清点后将客人的耗用品填在小酒吧饮料日消耗单（表 3-1）上，按规定的品种和数量补齐、补足，用过的杯子及其他用品要撤换。

表 3-1 小酒吧饮料日消耗单

服务员：_____   楼层：_____   日期：_____

青岛啤酒	南山咖啡	可口可乐	威士忌	果粒橙	椰子汁	番茄汁	白兰地	雪碧

客人结账时，楼层服务员应立即查核小酒吧内食品、饮品的耗用量，并在房内拨打电话通知前台收银处。

任务实施

学生以小组（每组 2～3 人）为单位进行任务实训。

1）到当地高级饭店见习小酒吧服务。

2）在当地饭店或实习室进行小酒吧服务实训。

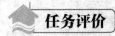

任务评价

小酒吧服务测试评价如表 3-2 所示。

表 3-2　小酒吧服务测试评价

评价内容	操作内容	评价	
		组内互评	教师评价
摆放食品、酒水	熟悉酒水的摆放品种、数量及标准	□是 □否	□是 □否
	熟悉食品的摆放品种、数量及标准	□是 □否	□是 □否
清点核对	熟练进行日常的清点	□是 □否	□是 □否
	熟练进行酒水单的核对	□是 □否	□是 □否
交单记账	能核对客人签名，及时将酒水单送往前台记账，客人退房时将房号和金额通知收银员	□是 □否	□是 □否
补充食品、酒水	按程序凭酒水单领取酒水和食品	□是 □否	□是 □否
	及时补充酒水和食品	□是 □否	□是 □否

总评：　　□优秀　　　　□良好　　　　□基本掌握

思考题

小酒吧服务的流程有哪些？

任务二　提供洗衣服务

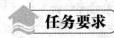

任务要求

1）熟悉洗衣服务的方式及种类。
2）能正确进行客衣送洗服务。
3）明确洗衣服务的注意事项。

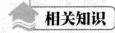

相关知识

提供优质的洗衣服务对提高客人对客房服务的满意度具有非常重要的意义。从饭店向客人提供的洗涤方式来分,洗衣服务可分为水洗、干洗和熨烫 3 种;从洗涤速度来分,可分为普通服务和快洗服务两种。在对客服务工作中,洗衣服务没做好易引起客人的投诉,所以,客房服务员要按程序认真细致地做好洗衣服务工作。

一、洗衣服务的方式

1)致电服务台或服务中心要求送洗衣物。
2)将衣物直接交给客房服务员。
3)将待洗的衣物和填好的洗衣单一起放入洗衣袋,并挂在门锁上或放在房内。
4)将待洗的衣物放入洗衣袋或明显处,并留下字条,由服务员代填洗衣单。

二、洗衣服务的程序

1. 收取客衣

1)在接到客人的洗衣要求后,服务员应迅速收取客衣,并可代客人补填洗衣单送洗。
2)服务员在清洁房间时,要留意客人是否要送洗的衣物袋,若有要先检查洗衣袋内是否有客人填好的洗衣单,并核对洗衣单上的客人姓名、房间号、衣物件数及日期等,做好记录,及时收取。对没有填写洗衣单的衣物不予收取。
3)如果客人口头交代或者服务中心通知需要手洗衣物时,要及时收取衣物。
4)检查衣物过程中,若发现衣料有破损、污渍、掉扣或件数不符等情况时,要及时向客人澄清、确认;发现有遗留物品或钱币时,要当面交还客人;若发现衣物质地可能褪色、缩水,而客人又要求湿洗时,则应向客人当面说明情况。

2. 送洗客衣

1)收到的所有送洗衣物均需记录在客衣收取记录表上。
2)将收取的衣物集中放在指定的地点,在规定的时间内交给洗衣房。

3. 送回客衣

洗衣房客衣服务员在 15:00 左右将洗好的衣服直接送回客人房间,也可交接给客房服务员,由客房服务员经过核收后将客衣及时送到客人房间,并请客人检查签收。
1)洗衣房客衣服务员送还衣物时,客房服务员要仔细核对衣物,点清件数。
2)按房号将衣物送回客房。送客衣前,设计好送客衣的线路,从而节省送衣时间。
3)将衣物送入客房前,要按进房程序进房。
4)请客人查收衣物,同时在存根联上注明送衣日期与时间,并签上姓名。

三、洗衣服务的注意事项

1)洗衣分为普通服务和快洗服务两种,两者费用相差 50%,所以要向客人说明情况，以免结账时出现争执。

2）四星级、五星级的饭店应提供客衣的修补服务。

3）鉴于很多客人的待洗衣物的价值远远超过洗涤费，如果衣物损坏或丢失，按洗涤费的 15 倍进行赔偿远不能补偿客人的损失，饭店可考虑推出"保价洗涤收费方式"，即按客人对其所送洗衣物报价额的一定比例收取洗涤费。

4）在收取客衣的过程中，要特别注意以下问题：①凡是放在床上、沙发上，未经客人吩咐、未放在洗衣袋内的衣服不能收取；②如发现房间内有需要送洗的衣物，但是客人没有填写洗衣单，则不要收洗，应将洗衣单放在洗衣袋上面，并留下服务通知单，提醒客人如果需要洗衣服务，请与房务中心联系；③不要将客衣随意乱放，不要把洗衣袋放在地上拖着走，要爱护客人的衣服，对于需熨烫的高级时装，应用衣架挂好；④对于需要快洗服务或有特殊洗涤要求的衣物，要在洗衣单上做好标记，同时向洗衣房交代清楚。

四、处理洗衣纠纷

发生客衣纠纷时，要主动、诚恳、有耐心地听取客人意见。仔细检查洗后的客衣，了解客人的要求，在查清原因、掌握事实的基础上区别不同情况处理。凡属客衣洗涤过程中由饭店方面的原因引起的客衣丢失、洗坏染色及熨烫质量差等客衣纠纷，应主动承担责任，并做出相应的补救措施。若需赔偿，赔偿费用最高不超过洗衣费的 15 倍，具体金额双方依据具体情况协商解决。凡属客人或客人衣物本身原因引起的客衣纠纷，饭店不负赔偿责任，但应耐心向客人解释。在客衣纠纷处理过程中，要做到友好协商、事实清楚、原因明确、处理得当。

任务实施

学生以小组（每组 2~3 人）为单位进行任务实施。

1）到当地高级饭店见习洗衣服务。

2）在当地饭店或实习室进行洗衣服务实训。

3）模拟角色，处理洗衣纠纷。

任务评价

洗衣服务测试评价如表 3-3 所示。

表 3-3 洗衣服务测试评价

评价内容	操作内容	评价	
		组内互评	教师评价
收取客衣	能及时上门收取客衣	□是 □否	□是 □否

评价内容	操作内容	评价	
		组内互评	教师评价
收取客衣	在收取客衣时能仔细检查衣服情况，避免疏漏	□是 □否	□是 □否
	用礼貌规范的语言向客人说明客衣破损等问题	□是 □否	□是 □否
	能正确核对洗衣单并纠正错误	□是 □否	□是 □否
送洗客衣	客衣送洗时能正确与洗衣房收发员进行交接	□是 □否	□是 □否
送还客衣	按程序将客衣送交客人	□是 □否	□是 □否
	及时核算金额，避免漏账	□是 □否	□是 □否

总评： □优秀 □良好 □基本掌握

思考题

1）洗衣服务的方式有哪些？

2）洗衣服务的程序和要求是怎样的？

3）洗衣服务的注意事项有哪些？

4）如何处理洗衣纠纷？

知识链接

提供快洗服务

1）当客人要求快洗服务时，明确告知客衣送洗时间和快洗的价格。

2）立即前往客房内收取客衣并进行检查，并在洗衣单上注明"快件"字样。

3）对客人提出的各种洗涤要求应尽量满足。

4）优先安排洗涤。

5）在指定时间内，将衣物送回房间。

任务三 提供擦鞋服务

任务要求

1）掌握擦鞋服务的程序。

2）明确擦鞋服务的注意事项。

 **相关知识**

一、擦鞋服务程序

1. 及时收取

1）房间内配备鞋篮。客人将要擦的鞋放在鞋篮内，或电话通知，或放在房内显眼处，服务员接到电话或在房内看到后应及时收取。

2）清洁房间卫生时，如发现客人把皮鞋放置在鞋篮内，应主动提供擦鞋服务。

2. 编号记录

1）及时将鞋篮编号，并将客人的房间号写在纸条上放入鞋内，防止弄错。

2）将皮鞋放置于楼层工作间内待擦。

3. 擦鞋

1）在地上铺上废报纸，备好与鞋色相同的鞋油和其他擦鞋工具。

2）用软鞋擦清除鞋上尘埃。

3）按规范擦鞋，擦好后的皮鞋应有光泽、无污渍。

4. 将鞋送回

1）皮鞋擦干净后，要取出纸条，放于鞋篮中送回客房。

2）把皮鞋从鞋篮中取出，摆放于行李柜旁的空处，鞋篮上的店标面向外。

3）擦鞋服务一般于皮鞋取出后 15～30 分钟内将擦好的鞋送回房内，放在饭店规定的地方。若有多双皮鞋，则送回时间不可超过 1 小时。

二、擦鞋服务的注意事项

1）要避免将鞋送错房间。

2）对没有相同颜色鞋油的待擦皮鞋，可用无色鞋油。

3）电话要求服务的客人通常急于用鞋，所以要尽快提供服务，并及时将鞋送回。

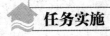 **任务实施**

学生以小组（每组 2～3 人）为单位进行任务实施。

1）了解当地高级饭店的擦鞋服务程序。

2）模拟擦鞋服务。

任务评价

擦鞋服务测试评价如表 3-4 所示。

表 3-4 擦鞋服务测试评价

评价内容	操作内容	评价	
		组内互评	教师评价
收取待擦鞋	能及时上门收取待擦鞋	□是 □否	□是 □否
	在收取皮鞋时能仔细检查皮鞋情况，避免疏漏	□是 □否	□是 □否
编号记录	鞋篮编号，并将注明房号的纸条放在待擦鞋内	□是 □否	□是 □否
擦鞋	按规范擦鞋，皮鞋擦好后有光泽、无污渍	□是 □否	□是 □否
	能根据待擦鞋选择适当的鞋油及工具	□是 □否	□是 □否
送还擦净的鞋	按程序将擦净的皮鞋送交客房	□是 □否	□是 □否
	能将鞋摆放于饭店规定处，鞋篮店标朝外	□是 □否	□是 □否

总评：　　　□优秀　　　　□良好　　　　□基本掌握

思考题

1）擦鞋服务的程序及要求是什么？

2）擦鞋服务的注意事项有哪些？

任务四　提供物品租借服务

 任务要求

1）熟悉饭店常备及客人经常租借物品的种类。

2）掌握对客物品租借的服务程序。

3）明确对客物品租借的注意事项。

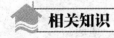 **相关知识**

一、对客物品租借服务程序

1. 登记填单

客人要求租借时，服务员要仔细询问客人租用物品的名称、租借时间，做好登记。

客房服务

物品租借单如表 3-5 所示。

表 3-5　物品租借单

房号：		宾客姓名：
借用物品名称：		
借用日期：		归还日期：
借用件数：		物品等额价值：　　　元
经办人：		宾客签名：
备注：客人在使用过程中损坏物品或在离开饭店前尚未归还物品的，按照等额价值收取费用		

2. 送至房间

登记清楚后由楼层服务员送至客人房间。

3. 客人签名

请客人在客用租借物品登记表（表 3-6）上签名。

表 3-6　客用租借物品登记表

日期	房号	用品及序号	经办人	租借时间	归还人	归还时间	接收人

4. 归还登记

客人归还物品时做好详细记录，并将物品登记入库。

二、对客物品租借注意事项

1. 租借客房部未配置物品

客人因特殊需要借用客房没有配备的物品，应由客房服务中心统一递送。

1）客人借暖风机时，客房服务中心应先提醒客人关掉冷气并表示可提供棉被，如客人仍坚持借用，可让大堂副理与客人联系后再予借用。

2）客人借螺丝刀、剪刀等利器工具时，要婉转地询问用途及是否需要工程部人员帮忙，防止发生盗窃、自杀等恶性事件。

2. 租借电器

1）借用物品前要检查，电器类物品要经测试合格方可租借。

2）借用电器时要提醒客人注意用电安全。

3）提醒客人用毕电器应尽快通知客房服务中心取回，并让客人在客用租借物品登记表上签名。

3. 记录登记

1）服务员在交接班时，要将客人租借物品的情况及手续移交下一班次，以便继续服务。

2）客人借用毛巾、毛毯、枕头等物品，值班服务员应做好登记，查房时多加留意。

4. 其他

1）如已过租借时间，客人仍未归还物品，可主动询问客人，但要注意方式方法。

2）退房时，要注意检查客人租借的物品是否已收回。

3）收回借用物品时要及时取消借用记录，做好检查清洁，方便下次使用。

4）可将常客借用的物品编入客史档案，在其下次入住前先放入房间。

任务实施

学生以小组（每组 2～3 人）为单位进行任务实施。

1）了解当地高级饭店物品租借服务程序及主要租借物品。

2）模拟物品租借服务。

任务评价

物品租借服务测试评价如表 3-7 所示。

表 3-7　物品租借服务测试评价

评价内容	操作内容	评价	
		组内互评	教师评价
接受申请	能仔细询问客人借用物品的名称、要求及借用时间。客人借用利器时主动询问用途	□是 □否	□是 □否
	填写物品租借单	□是 □否	□是 □否
递送物品	及时将物品送到客人房间，请客人在客用租借物品登记表上签名	□是 □否	□是 □否
	递送物品时，提醒客人物品的使用方法	□是 □否	□是 □否

续表

评价内容	操作内容	评价	
		组内互评	教师评价
收回借用物品	必要时主动向客人询问借用情况，收回物品后检查物品并清洁	□是 □否	□是 □否
	退房时确认借用物品是否已收回，做好交接班记录	□是 □否	□是 □否

总评：	□优秀	□良好	□基本掌握

思考题

1）对客物品租借服务程序是什么？

2）对客物品租借注意事项有哪些？

任务五　处理报修物品服务

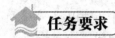

任务要求

1）明确物品报修的处理程序。

2）能正确进行客房物品报修及处理。

3）掌握常见的客房物品维修技能。

相关知识

饭店应确保对客服务设施设备处于正常状态，为此，工程部会对设施设备进行定期和不定期的检查维护，而客服部也应该在日常的客房清扫过程中对各类设施设备用品进行检查，当发现客房设备有异常时，要及时报修。

1）服务员在清洁工作时要检查所负责区域的设施设备是否需要维修。

2）若需维修，要做好记录，并尽快报告维修人员或前台。

3）工程人员维修时，住客房必须在服务员陪同下进房维修，走客房或空房修好后服务员也要进房查看。

4）如维修会产生较大异味或声响会影响客人入住，要事先报告领班。

一、客房设备物品报修的一般处理程序

1. 接听电话，确认维修情况

1）接听电话。客房服务中心接听服务员或客人的报修电话。

2）确认情况。如维修情况不明，需安排客房服务员确认维修情况。

3）来电记录。认真做好来电记录。

2. 落实维修任务

1）填写工程报修单（表 3-8）。客房服务中心填写工程报修单送至工程部，由工程部签字认可。

表 3-8 工程报修单

编号：×××××××

日期：		时间：	
报修部门：		报修人：	
维修地点：		工程部签收人：	
维修内容：			
派工时间：		维修员：	
维修时间：			
耗用材料：			
验收时间：		验收人：	
备注：			

2）签收工程报修单。工程部签收后，客房服务中心取回报修单，并留存联。

3. 跟踪维修情况

1）到达维修地点。工程维修人员来到维修地点后，服务员应尽快带其到现场维修，如维修时间较短，服务员应在房间等候。

2）检查维修效果。客房服务员必须检查维修效果，如效果满意，客房领班确认维修完毕。

3）处理紧急维修。当出现停水、停电、坐便器堵塞、空调损坏等情况需紧急维修时，客房服务中心应立即通知工程部维修，事后补填维修通知单以做记录。

4）处理长时间维修。当天不能完成维修的，客房服务中心交至下一班督促维修。

5）存档。将工程报修单存档，以备查询和追溯。

6）维修后的清洁工作。维修后如需清洁，则按日常清扫标准进行清扫并记录，以便核实。

二、客房设备物品报修的注意事项

1）简单维修时，服务员应协同维修工进行维修。

2）维修好后由领班确认签字，服务员亲自锁门离开客房。

3）如需大修，应把相应物品移开，服务员应记录维修时间和维修工姓名。

4）对住客房维修时，应回避客人。注意不要损坏客人物品。

5）如果客人不慎损坏了客房设备，应根据饭店规定进行索赔。

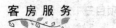

学生以小组（每组 2～3 人）为单位进行任务实施。

1）了解当地高级饭店处理物品报修的程序。

2）模拟处理物品报修服务。

处理设备物品报修测试评价如表 3-9 所示。

表 3-9　处理设备物品报修测试评价

评价内容	操作内容	评价	
		组内互评	教师评价
确认维修情况	能按工作程序及礼仪规范接听报修电话	□是 □否	□是 □否
	能恰当确认维修情况并灵活处理	□是 □否	□是 □否
	准确记录报修情况	□是 □否	□是 □否
落实维修任务	按规范准确填写工程报修单	□是 □否	□是 □否
	按程序递送并签收工程报修单	□是 □否	□是 □否
跟踪维修情况	按程序受理并陪同维修工作	□是 □否	□是 □否
	按标准检查维修工作完成情况及效果	□是 □否	□是 □否
	能灵活处理紧急维修事宜	□是 □否	□是 □否
	能针对维修时间长短进行相应处理安排	□是 □否	□是 □否
	做好维修后的清洁工作	□是 □否	□是 □否
总评：	□优秀　　　　□良好　　　　□基本掌握		

思考题

1）客房设备物品报修的一般处理程序是怎样的？

2）客房设备物品报修的注意事项有哪些？

任务六 服务 VIP

任务要求

1）明确接待 VIP 的服务流程。
2）能正确进行 VIP 房的布置及检查、VIP 的迎送。

相关知识

VIP 是指与饭店的经济效益和社会效益有密切关系的人，是饭店接待的重点，必须给予高度重视和用心接待。

一、VIP 房布置

接待 VIP 时，务必认真、仔细，提前做好有关准备工作。

1）挑选房间。挑选楼层、方位、设备物品配备条件较佳的房间作为 VIP 的预留房。

2）清扫并检查客房。派有经验的专人负责清扫，确保客房处于最佳清洁状态。

3）放置水果、鲜花和洗手盅。放置豪华水果一份、鲜花一盆、洗手盅一只，洗手盅内放鲜花花瓣。

4）放置酒具。在吧台上放置高级茶叶及高级葡萄酒和酒具。

5）开启背景音乐和灯光。打开房间背景音乐和灯具迎客。

6）放置欢迎卡。在写字台或茶几上放总经理亲笔签名的问候卡或欢迎卡。

7）布置卫生间。在卫生间内放上一瓶插花。

8）环视检查。环视房间布置情况，对于细节不妥之处做必要改进。

二、VIP 迎接程序

1. 抵店前准备

1）了解客情。客房服务员通过 VIP 接待通知单了解客情，包括客人姓名、国籍、职业、职务、年龄、禁忌、宗教信仰、生活习惯、接待单位、接待标准、付款方式、抵离店日期和时间及客人的特殊要求等，以便为客人提供个性化服务。

2）清理客房：客人抵达前 1~4 小时或 1 天左右准备好，如晚间抵达，要提前做好夜床服务。

3）布置客房：根据 VIP 的等级，客房内配备不同的物品。

4）查房：为确保万无一失，要严格检查客房。

2. VIP 住店期间服务

1）客房服务员能用姓或职务尊称客人，并主动问候。

2）在提供各项服务时应优先考虑 VIP 房，在客人方便时进行服务。

3）在客人外出期间安排小整服务并及时更换客人用过的卫生间棉织品。

4）配合保安部做好安全工作。

5）注意客人身体健康变化，在生活上应给予特别关照。

3. VIP 离店送行

1）前厅部在确定 VIP 离店时间后，至少提前 1 小时通知客房服务员。

2）VIP 离开楼层时，服务员应向客人道别，并为客人按下电梯按钮，祝客人一路平安并欢迎再次光临。

3）服务员迅速检查客房，检查酒水使用情况及设备设施有无损坏。若有设备损坏，应通知大堂副理处理。除非是重大损失，一般不要求赔偿。

4）检查客人有无遗留物品，如有应尽快归还客人。

三、VIP 服务人员的基本要求

1）具有丰富的饭店基本知识和服务经验。

2）具有广泛的个人兴趣爱好及比较高雅的鉴赏水准。

3）具有较快速的反应能力和清晰的判断力。

4）具有善于愉悦地与人交往的品格。

 任务实施

学生以小组（每组 2～3 人）为单位进行任务实施。

1）了解当地高级饭店服务 VIP 的程序。

2）模拟表演服务 VIP。

任务评价

服务 VIP 测试评价如表 3-10 所示。

表 3-10 服务 VIP 测试评价

评价内容	操作内容	评价	
		组内互评	教师评价
检查 VIP 房	检查室内各种设施设备是否正常	□是 □否	□是 □否

续表

评价内容	操作内容	评价	
		组内互评	教师评价
检查 VIP 房	检查室内卫生是否清洁，不留死角	□是 □否	□是 □否
	检查卫生间设备是否正常，卫生是否洁净， 用品摆放是否整齐到位	□是 □否	□是 □否
检查 VIP 房	检查壁柜用品是否齐全，摆放是否整齐	□是 □否	□是 □否
	检查地毯是否洁净、无破损和异物	□是 □否	□是 □否
	检查冰箱内是否配齐饮品，并配有价格表	□是 □否	□是 □否
	检查房间周围环境是否处于良好状态	□是 □否	□是 □否
	对不合格情况及时处理	□是 □否	□是 □否
协助 VIP 办理 离店手续	了解预离店 VIP 情况，通知前台和行李员做好结账和提取行李准备	□是 □否	□是 □否
	送别周到，语言得体	□是 □否	□是 □否

总评： □优秀 □良好 □基本掌握

思考题

1）VIP 房应如何布置？

2）VIP 迎接程序有哪些？

任务七 提供会议服务

任务要求

能根据会议服务清单，安排会场、席位，在会议举办期间为与会者提供现场服务。

相关知识

一、会议场所服务任务清单

1）做好会议、接待场所的日常清洁工作。

2）了解、掌握当日的会议和接待情况，按服务规范和要求做好每次会议的接待服务工作，确保各项工作高效优质无差错。

3）按规定保持会议和接待场所各类设备完好，发现异常及时报修。

4）服从领导安排，做好各项工作，会议或接待途中不得离岗或做与工作无关的事情，提高责任心，确保会议圆满进行。

5）做好用具的清洁消毒工作，保证用具完好。

6）严格遵守各项规章制度。

二、会见厅的布置、席位安排及服务

1. 布置会见厅

十几人的会见厅可用沙发或扶手椅布置成马蹄形、凹字形；规模较大的会见厅，可用桌子和扶手椅布置成丁字形。会见时如需要合影，应按会见人数准备好照相机及配件，合影背景一般为屏风或挂图。会见厅可依据会见人数的多少、客厅面积的大小、客厅形状进行布置。

2. 安排席位

会见通常安排在会客室，依据实际情况，有时宾主各坐一边，有时也能穿插坐在一起。我国习惯的坐法如下。

1）客人一般坐在主人的右边。

2）翻译员、记录员一般坐在主人和宾主的后面。

3）其他客人按身份在主宾一侧依次就座。

4）主方陪见人在主人一侧就座。

3. 会见厅服务

（1）会见厅服务用品及摆放

会见厅服务用品包括茶杯、垫碟、烟灰缸、便签、火柴、圆珠笔或铅笔等文具。

1）除茶杯外，其他用品在会见开始前半小时按规格摆放在茶几或长条桌上。

2）招待用品通常优先配置茶水、矿泉水，夏季有时配置冷饮。

3）茶水或冷饮在客人入座后摆上。

（2）会见厅的服务程序

1）参加会见的主人，一般会在会议开始前半小时到达活动现场。这时，服务员要用小茶杯为其上茶。当主宾到达时，主人会到门口迎接并合影留念。利用这个间隙，服务员应该迅速将用过的小茶杯撤下。

2）上茶时，杯把一律朝向宾客右手一侧，要热情地用语言表达"请"用。

3）会见时间较长时，应为每位主人和客人送上一块热毛巾。

4）每隔 30 分钟左右，为会见双方续一次茶水。

5）在会见进行中，要注意观察厅内的动静，宾主有事招呼，要随时回应，及时协助处理。

6）会见结束后，检查活动现场，如发现宾客遗忘物品，立即与客人联系，尽快物归原主；如客人已离开，办理转交手续后交给主办单位代为转交。

（3）续水程序

1）用左手的小指和无名指夹住杯盖。

2）用大拇指、食指和中指握住杯把，将茶杯端起。

3）侧身，腰略弯曲。

4）续水。注意续水不要过快、过满，以免开水溅出杯外，烫到客人或溢到茶几上。

5）盖上杯盖。

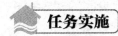 **任务实施**

学生以小组（每组 2~3 人）为单位进行任务实施。

1）模拟会见续水服务。

2）模拟设计签字仪式的签字厅会场，并提供相应的服务。

任务评价

会见厅服务测试评价如表 3-11 所示。

表 3-11　会见厅服务测试评价

评价内容	操作内容	评价	
		组内互评	教师评价
用品摆放	会见前半小时依次摆好文具等	□是 □否	□是 □否
	茶水或冷饮在客人入座后及时摆上	□是 □否	□是 □否
服务过程	上茶、续茶及时，符合礼仪规范	□是 □否	□是 □否
	注意观察，宾主有事招呼，及时协助处理	□是 □否	□是 □否
续水程序	续水过程操作规范	□是 □否	□是 □否
	是否过快、过满，烫到客人或溢到茶几上	□是 □否	□是 □否
总评：	□优秀　　　　□良好　　　　□基本掌握		

思考题

1）会议服务有哪些任务要求？

2）会见厅如何安排席位？

任务八 处理投诉服务

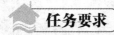 **任务要求**

1）了解客人投诉的常见原因。

2）掌握处理投诉的程序和方法。

 **相关知识**

饭店投诉是指客人在使用饭店设备、设施及接受饭店服务过程中或之后对饭店的设备、设施及服务不满意而向有关人员述说、抱怨。无论饭店在管理上多么严格，也很难避免客人的投诉。饭店对客人的投诉应持真诚欢迎的态度，服务员及管理层必须给予足够的重视。

一、产生投诉的原因

1）客房设备设施损坏给客人造成不便或致伤。

2）客房清洁卫生不达标。

3）服务员礼节礼貌不周。

4）服务员动用客人物品。

5）客人休息时受到噪声干扰。

6）客人物品丢失或被盗。

7）客衣洗涤事故。

8）客房用品更换补充不及时。

9）服务员对客服务不及时。

10）客人带走或损坏房间的固定物品，服务员提出正常索赔时引起纠纷。

二、处理客人面对面投诉的程序和方法

处理客人面对面投诉的程序和方法如表 3-12 所示。

表 3-12 处理客人面对面投诉的程序和方法

程序	方法
让座赠茶	当客人找到饭店员工，面对面地投诉时，必要时可邀请他到办公室谈话，同时为客人送上一杯茶水或免费饮料

程序	方法
认真记录	接受客人投诉时，要做好记录，包括客人投诉的内容、客人的姓名、房号、投诉时间及客人投诉的要点等，以示对客人投诉的重视，同时也是饭店处理客人投诉的原始依据
表示同情	① 在听完客人投诉后，首先表示歉意 ② 要对客人表示同情和理解，可以说"如果我是您，我也会感到不公平和不满意"等。这样做可以使客人感觉受到尊重，自己投诉并非无理取闹，同时也使客人信赖饭店的工作人员，从而减少对抗情绪
维护双方利益	① 要为客人排忧解难，为客人利益着想 ② 不可在未弄清事实前，盲目承认客人对具体事实的陈述，轻易表态，以免引起纠纷和赔偿事件，给饭店造成经济损失
解决问题	① 如果是自己能够解决的问题，应迅速回复客人，告诉客人处理意见 ② 对一些看来明显是饭店的工作人员服务工作中的失误，应立即向客人道歉 ③ 在征得客人同意后，做出补偿性处理。所有客人的投诉，应尽量在客人离店前得到圆满解决，如果超出自己的权限，则需请上级处理，如确属暂时不能解决的，也要向客人耐心解释，取得谅解，并请客人留下地址和姓名，以便日后告诉客人最终处理结果

三、处理客人电话投诉的方法

1）接听电话时，注意语音语调，做到亲切和蔼，讲究礼貌。

2）问清客人的姓名、房号。

3）认真记录，弄清问题。

4）表示同情、理解和尊重。

5）适当地表示歉意。

6）尽快答复和解决。

7）如果不能答复和解决，则应及时向上级报告。

8）如有必要，约请客人面谈。

9）对客人的投诉表示感谢。

10）事后认真总结经验教训。

任务实施

学生以小组（每组2~3人）为单位进行任务实施。

1）研究讨论客人投诉的原因。

2）模拟表演处理客人投诉。

任务评价

处理客人面对面投诉测试评价如表3-13所示。

表 3-13 处理客人面对面投诉测试评价

评价内容	操作内容	评价	
		组内互评	教师评价
接受、处理投诉	热情接待，表示理解和重视	□是 □否	□是 □否
	避免在公众场合处理投诉	□是 □否	□是 □否
	稳定客人情绪，避免吵闹	□是 □否	□是 □否
	问清客人姓名、房号	□是 □否	□是 □否
	专心聆听，认真记录	□是 □否	□是 □否
	不随便打断客人，不急于解释	□是 □否	□是 □否
	与客人商讨解决问题的方法，尽快处理	□是 □否	□是 □否
记录及存档	详细记录宾客姓名、房号、电话、 投诉时间及事由、处理结果，存档	□是 □否	□是 □否
	重大投诉或 VIP 投诉上报部门经理，存档	□是 □否	□是 □否

总评： □优秀　　　　□良好　　　　□基本掌握

思考题

1）客房产生投诉的原因有哪些？

2）处理客人投诉的程序和方法有哪些？

任务九　处理特殊情况服务

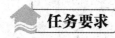

任务要求

1）熟悉饭店客房部常见的特殊情况及突发事件。

2）掌握特殊情况及突发事件的处理程序和方法。

3）能按标准处理饭店的安全事故。

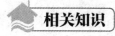

相关知识

客房接待服务过程中会遇到各类客人，也会遇到各种各样的问题，这就使接待服务过程中不可避免地会出现特殊情况。特殊事件处理的好坏，往往直接影响饭店的声誉，服务员要根据不同的情况进行不同的处理和接待，使服务工作做得更好。

一、客人物品丢失的处理

当客人反映在房间丢失物品时，服务员应一边安慰客人，一边帮助客人回忆物品丢失在何处，帮助客人耐心寻找。要注意床垫、床底、椅垫、衣柜、洗手间、垃圾桶等地方，有时客人会收藏在自己的行李中，如衣服内口袋、行李箱底层等，如经多方查找仍无结果或原因不明，应向客人表示同情并进行耐心解释。在客人离店前，请客人留下地址、电话，以便今后联系。

二、拾遗物品的处理

1. 遗留物品的接收

1）楼层服务员将退房后无法交还客人的遗留物品在下班前交给服务中心。

2）服务中心接到遗留物品后应根据物品的类别、大小、颜色做好入册登记，让送交人检查记录是否清楚详细后，双方签名确认。

3）服务中心把所收到的遗留物品按类别进行存放保管处理。

4）客务仓库根据各类遗留物品的保存期限进行检查，到期的物品要统计好并统一处理。

2. 遗留物品的查询、认领

1）接到客人查询遗留物品的电话，要细心倾听，问清客人姓名、所住房号、入住和离店日期及客人所遗留物品的名称、颜色、大小等。

2）请客人稍等或留下客人的联系方式查找后主动回复客人。

3）及时查阅遗留物品登记本，如有记录则以记录中的存放位置去查找实物，如有则立即回复客人，并问明客人何时来取。若委托他人来取的，应留下委托人姓名，以便归还物品时加以对证。

4）如没有查到该物品的记录时，应先回复客人暂未找到，告知对方会进一步查找，并留下客人的联系方式，方便以后回复客人，不应马上肯定地回复客人没有该物品，并及时向上级汇报。

5）进一步查找，如仍未找到该物品，经部门负责人核准后方可回复客人。

6）将遗留物品归还客人时，应先与客人核清物品的数量，必须由客人亲自在客人遗留物品认领记录上签名，并留下客人的有效证件号码及领取日期和时间。

三、住客突然伤病的处理

1）服务员不要轻易挪动客人，或擅自拿药给客人吃，应立即报告客房部经理，并打电话同附近医院联系,由饭店医务人员护送病人到医院救治。

2)迅速通知接待旅行社或客人接待单位主管人员。

3)从发病开始,每天做好护理记录,必要时派专人护理。医疗费用和护理费用由客人自理。

4)客人住院期间,及时告知其家属前来。

5)如果客人经抢救无效死亡,由医院向死者家属报告详细抢救过程,并出具死亡证明。

6)对客人住过的房间进行严格的消毒处理,并对客人住过的房号保密。

四、住客醉酒的处理

1)对醉酒程度较轻的客人,可婉言劝导,安置其回房休息。

2)对醉酒严重且不听劝导的客人,要协助保安人员将其送回房间,以免扰乱其他住客或伤害自己。

3)对醉酒客人的房间要特别注意观察,防止客人在失去理智时破坏房间设备或因吸烟引发火灾。

4)若服务员在楼层走廊遇见醉酒客人,不要单独扶其进房甚至为其宽衣休息,以免客人酒醒后发生不必要的误会。

5)醉酒客人如有召唤,服务员应与值班主管一同前往,女服务员应避免进入客房服务,以免发生意外事件。

6)醉酒客人如果再度饮酒或大声吵闹,服务员应婉言规劝,以避免影响其他客人。

五、客人携带违禁物品的处理

1)违禁物品包括武器(匕首、气枪等)、易燃易爆物品、毒品、兴奋剂、放射性物品或有刺激性气味的物品及其他法律法规禁止带入的物品。

2)服务员在清洁或服务过程中发现有违禁物品时,须详细记录并及时上报,必要时请保安部出面处理。

3)不得私自翻动客人的违禁物品,严禁私自处理客人遗留的违禁物品,更不准延时上交、上报。

六、客房安全事故的处理

1. 突然停电的处理

停电事故可能是外部供电系统引起的,也可能是饭店内部设施发生故障而引起的。停电事故随时都可能发生,因此,饭店需有应急措施。发生突然停电事故的处理办法如下。

1)当职员工安静地留守在各自的工作岗位上,不得惊慌。

2)及时向客人说明是停电事故,正在采取紧急措施恢复供电,以免客人惊慌失措。

3）如在夜间，应用应急灯照亮公共场所，帮助滞留在走廊及电梯的客人转移到安全的地方。

4）加强客房走廊的巡视，防止有人趁机行窃，并注意安全检查。

5）防止客人使用明火照明而引起火灾。

6）供电后检查各电器设备是否正常运行，其他设备是否被破坏。

7）做好工作记录。

2. 客人死亡、意外受伤处理

客人死亡是指在饭店内因病死亡和自杀、他杀或原因不明的死亡；客人意外受伤是指在饭店内因某种原因而受到伤害。

1）发现者要立即报告，并保护现场。

2）保安人员到达现场后，应向报告人问明有关时间、地点及当事人的身份、国籍、房号等情况，认真记录并立即向上报告。

3）发生自杀、他杀，要立即向公安机关报案，派安保人员保护现场，严禁无关人员接近，等待公安人员前来处理。倘若客人未死亡，则应及时送医院抢救。

4）对于已经死亡的客人，安全部门值班主管要填写死亡客人登记表。如死者是外国人，应通知所属国驻华使馆或领事馆。

5）对于客人死亡的情况，除向公安机关和上级主管部门报告外，不得向外（包括饭店其他部门或员工）透露。

3. 蓄意闹事的处理

1）接到闹事报告后，值班经理应协同保安经理立即到现场。

2）处理时勿与闹事者发生争吵。

3）耐心礼貌地劝解其离开所在的公共场所，如果是本饭店的住客，应劝其或强行带其回到自己的房间。

4）闹事者回到房间后，应通知客房部、楼层服务员。

5）如情况特别严重，而当事人又不告知联络人或地址，则视情况判定是否由保安报警交由治安管理部门处理。

6）如饭店有财物损坏，应由所在部门经理及值班经理一起判定赔偿条件，并由所在部门开具赔偿单收费。

7）将事情发生的时间、地点、人物等详情告知下班值班经理跟办处理结果。

8）通知有关部门跟办，在交班时应详尽告知下一班值班经理跟办处理结果。

4. 楼层火灾事故的处理

火灾直接威胁着人的生命及财产安全。饭店发生火灾会使饭店付出沉重的代价，甚至使整个饭店毁于一旦。因此，防火必须引起人们的高度重视并切实采取措施，绝不能掉以轻心。

（1）客房发生火灾的原因

1）吸烟起火：客人睡觉前在床上吸烟（特别是客人醉酒后吸烟）、员工在工作间吸烟。

2）电器起火：电器设备超负荷运转，造成电源短路；电器设备安装不良或一次性使用时间过长，导致短路或元件发热而引起火灾。

3）电线老化、短路、接触不良，私拉乱接电线而引起火灾。

4）电热器具使用不当，长时间使用或与可燃物距离太近而引起火灾。

5）照明灯具温度过高，引起灯罩燃烧，造成火灾。

6）不按安全操作规程作业（如客房内明火作业），没有采取防火措施，造成火灾。

7）将未熄灭的烟头倒入垃圾袋或吸入吸尘器而引发火灾。

（2）消防和疏散

1）发现火情时的做法：①立即使用最近的报警装置；②按饭店规定的报警号码，报告上级；③迅速利用附近适合火情的消防器材控制火势或将其扑灭；④电器设备发生火灾时，应立即切断电源；⑤如果火势已经不能控制，要立即离开火场，组织好人员疏散和物资抢救，且不可使用电梯，一定要从防火楼梯上下。

2）听到火警信号时的做法：①应立即查实火灾是否发生在本区域；②无特殊任务的员工应照常工作，保持冷静，随时待命；③除指定人员外，任何工作人员都不得与总机联系，保证电话线畅通无阻，供火警急用；④客房部经理或副经理应留守在办公室待命，只有在客房区域发生火灾时才赶到现场。

3）疏散信号表明饭店某处已发生火灾，要求客人和工作人员立即撤离。听到疏散信号时的做法：①迅速打开防火门、安全梯，有组织地疏散客人。②客房部工作人员应敲击和打开各客房的房门，帮助客人通过紧急出口离开房间，要特别注意帮助老、幼、孕、残客人。客人离开房间后要立即关好门。③各层楼梯口、路口都要有人指挥把守，避免发生挤伤和踩踏事故。④要注意确认房间是否还有客人；⑤客房部经理要清点工作人员人数。

5. 楼层盗窃事故的处理

防盗是客房安全工作的又一重要内容。发生在饭店客房的偷窃事件主要与员工、客人及其他外来人员有关。盗窃行为处理程序如下。

1）在一般情况下，当值经理应立即通知保安部赶赴现场，并知会所在部门的主管级以上人员（并视情况决定是否通知分管总经理）。

2）向失物者了解事情的经过、时间等详情。

3）请客人填写客人财务遗失报告表。

4）如财物在房间被盗，即与保安部、客房部经理到现场调查。征得客人同意后，再搜查房间。

5）向客人了解其是否有怀疑对象，询问客人的来访情况，还须向当值服务员了解情况。

6）征求客人意见，看是否愿意报警，如其不愿报警，则请报案者在客人财物遗失报告表中注明；如其要求报警，则由保安部负责报警或与客人共同前往公安机关报警。

7）客人离去时，请客人留下通信方式，以便联络。

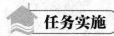 **任务实施**

学生以小组（每组 2～3 人）为单位进行任务实施。

1）研究讨论特殊情况及突发事件的处理程序及方法。

2）模拟突发事件场景，表演应对过程。

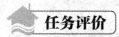 **任务评价**

应对意外事件测试评价如表 3-14 所示。

表 3-14　应对意外事件测试评价

评价内容	操作内容	评价	
		组内互评	教师评价
应对意外事件	能清楚了解客人信息及要求	□是 □否	□是 □否
	能较好地与同事共同协作、沟通配合	□是 □否	□是 □否
	能及时向上级反馈	□是 □否	□是 □否
	有针对性地根据客人实际情况处理问题	□是 □否	□是 □否
记录	能做好相应记录	□是 □否	□是 □否
总评：　　□优秀　　　　□良好　　　　□基本掌握			

思考题

1）客人丢失物品、拾到客人遗留物品时该如何处理？

2）客人突然伤病时如何处理？

3）客人醉酒时怎样处理？

4）如何处理突然停电、客人死伤、蓄意闹事、楼层火灾、楼层盗窃等安全事故？

附　　录

2016 年全国职业院校技能大赛中职组酒店服务赛项——客房中式铺床项目专业知识口试题

一、客观题

（一）填空题

1．根据客人的活动规律，饭店客房可分为五大功能区，即睡眠休息区、起居活动区、书写整理区、储物区和_____。

2．以标准间为例，客房配备的设备有_____、电器、卫生设备、安全设备四大类。

3．客房室内环境设计的基本原则是安全、健康和_____。

4．客房的清洁卫生质量生化标准规定：茶水具每平方厘米的细菌总数不得超过_____个，脸盆、浴缸、拖鞋每平方厘米的细菌总数不得超过 500 个。

5．客房室内照明设计的基本原则是舒适性、_____、安全性。

6．客房房态缩略语 OCC 指_____。

7．客房房态缩略语 S/O 指_____。

8．客房房态缩略语 DND 表示_____。

9．客房房态缩略语 MUR 指_____。

10．客房房态缩略语 OOO 指的是_____。

11．客房房态术语 hotel use 指的是_____。

12．客房部员工在接待服务中要做到一视同仁，六个一样，即_____；内、外一样；华、洋一样；东、西一样；黑、白一样；新、老一样。

13．例行的客房大清扫工作，一般应在_____时进行，以不打扰客人为准。

14．客房部一般下设六个分支机构：经理办公室、楼层、公共区域、客房服务中心、布件房和_____。

15．客房商品生产的基本目标是_____、更换添补客房用品、维护保养。

16．夏天客房适宜温度为 22～24℃，相对湿度为 50%；冬天客房适宜温度为_____，相对湿度为 40%。

17．为了使床垫各处受力相同，避免床垫有局部凹陷和磨损，延长使用寿命，应定期翻转调换床垫，一般_____翻转一次。

18．员工的在职培训有日常培训、专题培训、_____、下岗培训、脱产进修。

19．挂有"请勿打扰"牌的客房，一般在_____前不要敲该房的门，但应记下房号及挂牌时间。

20．领取和补充小酒吧的酒水和食品时，要检查酒水的质量和_____。

21．根据我国的习惯，会见厅客人与主人的座位安排是客人在主人的_____。

22．《旅游饭店星级的划分与评定》（GB/T 14308—2010）中指出，饭店客房洗衣服务中的加急服务是指在注明的时间范围内，自收取衣物开始在规定的时间内交还给宾客，规定的时间一般是自收取衣物开始_____。

23．个性服务可分为被动服务和_____两个层次。

24．根据设备的使用区域及范围，客房部的所有设备又可分为清洁设备和_____。

25．客房电视机长期不使用，夏季应每月通电一次，时间在_____以上。

26．饭店最基本、最重要、最宝贵的资源是_____。

27．洗衣服务员在_____将洗好的衣服送到楼层。

28．客房部的工作量分为固定工作量、变动工作量和_____。

29．_____代表饭店客房产品的最高水平，其设计应关注私密性、舒适性、文化性。

30．客房部员工考评的内容主要包括综合素质能力、劳动纪律、工作态度和_____四个方面。

31．吸尘器应尽量避免放在_____的地方。

32．饭店的消防监控系统一般由火警报警系统、_____、防火设施组成。

33．有限服务饭店关注_____的性价比。

34．客房常用的消毒方法有_____、物理消毒、化学消毒剂消毒方法。

35．必备项目作为饭店进入不同星级的基本准入条件，具有严肃性和不可缺失性，每条必备项目均具有"_____"的效力。

36．超常服务是指在_____的基础上进一步满足不同顾客个别的、偶然的、特殊需要的服务。

37．饭店闭路电视监控区域一般分为户外区域、公共区域和_____。

38．_____是饭店客房服务特色与品质的体现，也是饭店重要的营收渠道。

39．《旅游饭店星级的划分与评定》（GB/T 14308—2010）中对饭店酒吧服务的基本要求是热情、快速、准确、_____、具有艺术性。

40．《旅游饭店星级的划分与评定》（GB/T 14308—2010）对开夜床服务的要求是正常情况下，每天_____提供开夜床服务。

41．客房等级不同的最大差别在于_____的不同。

42. 《旅游饭店星级的划分与评定》（GB/T 14308—2010）中，饭店第二种文字是指饭店在规定汉字之外的文字，第二种文字的选择是依据_____。

43. 附有加热器的高压喷水机水温可达到沸点，故更适用于清除_____的场所。

44. 《旅游饭店星级的划分与评定》（GB/T 14308—2010）中对饭店客房管家服务的基本要求是细致、周到、圆满、美好和_____。

45. 客房清扫又称做房，包括三个方面的工作，即清洁整理客房、更换补充物品、_____。

46. 长住房的英文缩写是_____。

47. 饭店的客房是否_____，已成为中外客人选择住宿的首要条件。

48. 叫醒服务通常由_____负责提供，但对电话振铃无法叫醒熟睡中的客人，接线员必须请客房服务员前去敲门，直到叫醒为止。

49. 个性化服务内容随着时代发展越来越丰富，其中_____、超常服务、应急服务占据主体地位，是个性化服务的三种基本形态。

50. 贴身管家服务源于_____，其英文是 butler service。

51. 客房服务质量是由_____、客房环境质量和劳务质量三个方面内容构成的。

52. 饭店向客人提供的洗衣服务，从洗涤方式上讲，有三种类型，即干洗、水洗和_____。

53. 饭店操作程序、服务规范、_____是饭店经营、管理与服务的基本法典。

54. 饭店为客人提供洗衣服务时，如出现洗坏或丢失情况，按国际惯例，赔偿费一般不超过该件洗衣费的_____倍。

55. 服务员在提供夜床服务时，应通报为_____。

56. 《旅游饭店星级的划分与评定》（GB/T 14308—2010）中，设置残疾人客房是饭店人文精神的体现，残疾人客房门的宽度应不小于_____。

57. 烟感报警器、_____与自动喷洒报警器是当前常用的报警系统。

58. 客房门后张贴_____，客房内备有手电筒，以备客人紧急疏散时使用。

59. 一般标准间壁柜进深度为_____毫米，衣服可在垂直墙面挂放，容纳数量较多。

60. 客房布置色彩的运用主要体现在两个方面：一是色调的确定，二是_____。

61. 饭店客房中面对走廊的门是客房防噪声的薄弱环节，《旅游饭店星级的划分与评定》（GB/T 14308—2010）规定，原则上门与地面所形成的缝隙应该限制在_____。

62. 阅读空间的照明设计如书桌照明，照度值一般在_____勒克斯。

63. 《旅游饭店星级的划分与评定》（GB/T 14308—2010）中规定，残疾人客房床位一侧应留有轮椅回旋空间，其宽度应不小于_____。

64．为方便宾客，节约能源，《旅游饭店星级的划分与评定》（GB/T 14308—2010）规定，饭店客房不间断电源插座应设置为_____。

65．客房服务项目的设立要遵循适合和_____的基本原则。

66．住店客人房内的小酒吧，由服务员每天上午换茶具和晚间做夜床时逐一查核，如有饮用，立即补充，并将饮料的品种和数量记录在工作单上，开好账单，领班据此填写_____。

67．国际饭店专家建议对客房的害虫控制和处理工作周期是_____。

68．房内遗留的一般物品，由服务员立即在工作单上"_____"一栏内登记，应清楚地填上此物品的名称、数量、质地、颜色、形状、成色、物品所在的房号、拾物日期及自己的姓名。一般物品要与食品、钱币分开填写。

69．《旅游饭店星级的划分与评定》（GB/T 14308—2010）中规定：必备项目检查表规定了各星级饭店应具备的硬件设施和_____。

70．家具蜡的使用方法是：倒适量的家具蜡在干布或家具表面，擦拭一遍，这一遍是清洁家具，15 分钟后再用同样的方法擦拭一遍，这一遍是_____。

71．无烟楼层是指饭店专门为非吸烟的宾客设置的禁烟楼层。《旅游饭店星级的划分与评定》（GB/T 14308—2010）规定，完善的无烟楼层应做到全过程、全方位、_____。

72．客房服务及管理更应将尊重客人对客房的使用权、保护客人的_____作为一条准则，才能使客人住进房间感到放心和安心，从而产生一种安全感。

73．_____一般安装在每层楼的进口处，有楼层服务台的饭店则设在服务台附近的墙面上。当有人发现附近有火灾时，可以立即打开玻璃压盖或打破玻璃使触点弹出，完成报警。

74．大多数饭店的洗衣房归属_____管理。

75．清扫客房若有客人在房内，应礼貌地询问可否整理客房，如果客人暂不同意清理房间，则将客人的房号和_____记录在清洁报告表上。

76．《旅游饭店星级的划分与评定》（GB/T 14308—2010）规定，优质地毯从感受来看，地毯精美，图案定制，色调高雅，足感平整有弹性，绒高_____。

77．行政楼层也称为商务楼层，是饭店为特殊高端宾客提供开放服务的场所，提供服务的时间是_____。

（二）判断题

1．根据客房和餐位的一般比例要求，在饭店建筑面积中，客房占 70%～80%。
（　　）

2．客房服务员应按饭店要求做到"五到"，即客到、微笑到、敬语到、水果到、鲜花到。
（　　）

3．客房楼层接待工作仅有迎前准备、到店迎接、入住日常服务三个环节。（　　）

4．在饭店的运行中，客房部主要承担着清洁保养、对客服务、为饭店其他部门服务的工作，因此称为饭店的管家部。
（　　）

5. 客房服务中心是现代饭店客房管理的主导模式，是饭店客房管理的神经中枢。
（　　）

6. 客房部是客房产品的生产部门，前厅部是客房产品的销售部门。（　　）

7. 客房迎宾工作主要内容有梯口迎宾、引领入房、客房设备介绍和端茶送水。
（　　）

8. 国际上对于一个双床间的开间为 3.6～4.2 米，进深为 7.6～10 米，有利于形成亲切舒适的客房空间气氛。（　　）

9. 21 世纪饭店客房将向家居化、智能化、人本化和安全性等方面变化。（　　）

10. 每一间房间在抹尘、检查房间和卫生间的设备用品时，应从房门口开始，按照顺时针方向绕圈进行。（　　）

11. 客房清扫作业管理分成每天都要进行的客房清扫和客房的计划卫生。（　　）

12. 客房服务员在摆放客用品时最好从工作车开口一面由高到低排列，以便拿取。
（　　）

13. 房间应定期进行预防性消毒，以保持房间的卫生，防止疾病的传播。（　　）

14. 楼层钥匙卡在领取之后，不可以借予工程部、送餐部等其他同事使用。
（　　）

15. 客房内洗衣袋、洗衣单及衣刷工具配备要齐全，一般放置在床头柜内。（　　）

16. 楼层服务员要检查客人填写的洗衣单，看客人有没有注明房间、姓名、洗衣件数、时间、要求。（　　）

17. 擦鞋服务时，要注意防止混淆客人的鞋，应擦好后请客人辨认。（　　）

18. 客房设备用品的管理应达到"4R"的管理要求，而适时、适质、适量、适度。
（　　）

19. 客房全面更新往往 7～10 年进行一次，要求对客房陈设、布置和格调等进行部分改变。（　　）

20. 客房家具及其饰物应有防火阻燃性，家具还要具备防滑、防盗、防碰撞等性能。
（　　）

21. 根据《旅游饭店星级的划分与评定》（GB/T 14308—2010）的要求，五星级饭店运营质量项目的最低得分率为85%。（　　）

22. 服务员被客人叫进客房时，应该让房门半掩。（　　）

23. 客房商品的特殊性主要表现在它是出租客房和提供劳务，不发生实物转移。
（　　）

24. 在高星级饭店，为某一同类型消费客人集中设置特色楼层，专门向女士开放的楼层就属于此列。（　　）

25. 若有生病客人要求代买药品，服务员应立即采购并送至房间。（　　）

26. 无烟楼层是现代人对新鲜空气的渴求，对环境保护的追求，为客人提供具有健康内涵的客房产品。（　　）

27．绿色客房不仅表现在客房的日常经营管理中，还体现在饭店客房的建筑设计与新能源的使用上。（　　）

28．住宿经营者未能按照旅游服务合同提供服务的，应当为旅游者提供不低于原定标准的住宿服务，因此增加的费用由旅游者承担。（　　）

29．客房门铃显示器对客人具有门铃功能、请勿打扰、访客等待等功能外，对服务员具有服务指示功能，为饭店提供影子式无干扰服务奠定基础。（　　）

30．客房服务员对于出现在楼面的无理取闹的陌生人，应及时打电话向保安部反映情况。（　　）

31．我国消防规范规定，高层建筑和低、多层建筑的疏散楼梯的宽度分别不小于1.5米和1.2米。（　　）

32．房间应定期进行预防性消毒，包括每天的通风换气、日光照射及每一个月进行一次紫外线或其他消毒剂灭菌和灭虫害，以保持房间的卫生，预防传染病的传播。
（　　）

33．退房客人留在房间的穿过的没有破损的衬衫可不作为遗留物品处理。（　　）

34．清洗浴缸的最后步骤是用清水冲洗墙壁、浴缸，等水流尽后，任由浴缸自行风干。（　　）

35．擦拭房内的灯具、电视机屏幕、音控板等处只能用干抹布，不能用湿抹布，否则易发生危险。（　　）

36．客房服务中心的设立和有效的运转，既取决于建筑设计和设备配置，还有赖于劳动组织和选位的合理性。（　　）

37．清扫客房卫生时，应拉开窗帘，使房内光线充足。（　　）

38．楼层服务员向客人介绍房内设备，以不超过2分钟为宜，语言精练准确，避免用手势，尽量减少走动。（　　）

39．新员工入职时所接受的培训属于晋级培训。（　　）

40．惩罚是客房部在激励员工工作积极性的过程中采用的一种正激励方法。（　　）

41．在旅游旺季，应先打扫走客房，再打扫住客房，以使客房能尽快重新出租。（　　）

42．在清理客房时，若客人回来，服务员应礼貌地向客人道歉，然后离开房间。
（　　）

43．问讯员（或行李员）可直接把钥匙发放给任何客人。（　　）

44．客房是饭店收入的主要依据，而客房工作又是这种依据的基础。（　　）

45．客房清洁卫生的质量控制途径主要是强化员工卫生质量意识、明确清洁卫生操作程序和标准、严格逐级检查制度、重视客人意见等。（　　）

46．我国饭店在同时使用两种语言文字的标识时，应注意遵守"汉字在前在上，其他文字在后在下"的基本原则。（　　）

47. 四星级、五星级饭店的员工培训工作应做到定期化、制度化和系统化。（　　）

48. 宾客租借品存放在客房服务中心，供客人临时需要而借用，客房部须配套制定相关制度保证租借品的归还。（　　）

49. 服务员进客房应先按门铃敲门报"house keeping"再进房。（　　）

50. 毛巾毛圈多而且长说明柔软性好，吸水性佳，所以毛圈越长越好。（　　）

51. 清洁马桶时，注意不要将清洁剂直接倒在釉面上。（　　）

52. 醉酒客人如有召唤，服务员应与值班主管一同前往，女服务员应避免独自进入客房，以免发生意外。（　　）

53. 服务员为离店客人查房时，可使用房内电话向总台报告查询情况。（　　）

54. 了解商务、公务型客人的特点，做到灵活服务、个性化服务对饭店经营至关重要。（　　）

55. 相比大型饭店，在规模较小的饭店里，客房部组织机构的层次少，分支机构及工种也较少。（　　）

56. 对出现在楼面的陌生人，客房服务员必须走近他，问清他的目的。（　　）

57. 饭店培训是全员性的，通过培训提高三种技能，即概念技能、人际关系技能和劳动操作技能。（　　）

58. 客房部员工的考核评估最好每半年一次，考核评估中要避免光环效应、好人主义、中间倾向。（　　）

59. 饭店业的行家把客房比喻为"易破坏性最大的商品"。（　　）

60. 对客服务工作主要是服务人员面对面地为客人提供各种服务，满足客人提出的各种要求。（　　）

61. double room 指的是在客房内放两张单人床，称为标准间。（　　）

62. 衡量对客服务质量的基本标准包括宾至如归感、舒适感、吸引力、安全感。

（　　）

63. 客人住店期间需要冰块应在 10 分钟内送至房间，离开房间时应询问客人是否还需要帮助，如无礼貌地向客人告退，轻轻将房门关上。（　　）

64. 按国际惯例，客人遗留物品保存期为一年，特别贵重物品可延长半年。（　　）

65. 如果客人在房内，除了必要的招呼和问候外，一般不主动与客人闲谈。（　　）

66. 团队客人对服务质量要求严格，希望玩好、住好、吃好，对自然风光、名胜古迹最感兴趣。（　　）

67. 客用电梯的清洁一般安排在早、晚、深夜三个时间进行。（　　）

68. 整理住客房应先做卫生间，以避免客人突然回来或有访客带来的不便和尴尬。

（　　）

69. 对客服务标准的制定必须遵循方便客人、方便操作和方便管理的基本原则。

（　　）

70．分级归口管理有利于调动员工管理设备的积极性，有利于建立和完善责任制。
　　　　　　　　　　　　　　　　　　　　　　　　　　　　　　　　（　　）

71．化学法是通过使用灭火剂吸收燃烧物的热量，使其降到燃点以下，达到灭火的目的。　　　　　　　　　　　　　　　　　　　　　　　　　　（　　）

72．电视监控系统一般设置在楼层过道和客用电梯及饭店大厅。　　　（　　）

73．抹拭家具物品时，干抹布和湿抹布交替使用，针对不同性质的家具，使用不同的抹布。　　　　　　　　　　　　　　　　　　　　　　　　　　　（　　）

74．访客来访，服务员可以直接将访客带进客人房间。　　　　　　　（　　）

75．饭店的等级水平主要由客房水平决定。　　　　　　　　　　　　（　　）

76．公共区的清洁卫生，既繁杂琐碎，又没有固定的工作时间。　　　（　　）

77．规范化、标准化的服务是个性化服务的基础和前提。　　　　　　（　　）

78．客房清洁的感官标准要求做到：眼看到处无污渍，手摸到处无灰尘，耳听不到异声，鼻闻不到异味。　　　　　　　　　　　　　　　　　　　　　（　　）

79．漂洗性是清洁剂的最重要的质量指标，直接影响清洁的功效。　　（　　）

80．主题客房是运用多种艺术手段，通过空间、平面布局、光线、色彩、多种陈设与装饰灯多种要素的设计与布置，烘托出某种独特的文化气氛，突出表现某种主题的客房。　　　　　　　　　　　　　　　　　　　　　　　　　　　　　（　　）

81．一般高星级饭店客房服务人员与客房数的比例约为1∶6。　　　（　　）

82．观光旅游客人的特点是早出晚归，要求吃好、住好、玩好。　　　（　　）

83．楼层服务台模式可以减少服务人员编制，降低劳动成本。　　　　（　　）

84．客房壁柜常位于客房小走道一侧、卫生间的对面。　　　　　　　（　　）

85．饭店星级评定倡导绿色设计、清洁生产、节能减排、绿色消费的理念。（　　）

86．旅游经营者对其在经营活动中知悉的旅游者个人信息，应当予以保密。（　　）

87．给木制地板上蜡应该使用油性蜡。　　　　　　　　　　　　　　（　　）

88．退出客人房间时应注意面朝房内将门轻轻带上。　　　　　　　　（　　）

二、简答题

1．饭店培训的特点是什么？

2．客房对客服务质量控制的三大目标是什么？

3．饭店防火工作要求服务人员的"四会"指什么？

4．遗留物品处理的简要程序是什么？

5．客房设备资产管理的内容包括哪些？

6．客房产品的特点是什么？

7．客房部人员的招聘一般包括哪些步骤？

8．客房清扫的规定有哪些？

9．客房清扫保养的准备工作有哪些？

10．客房清扫顺序是什么？

11．客房安全管理的特点是什么？

12．客房店级检查体系包括哪些内容？

13．旅游饭店星级评定检查的项目包括哪些？

14．饭店节能减排应遵循的"4R"原则是什么？

15．客房员工的职业道德规范是什么？

16．客房服务质量的基本要求是什么？

17．饭店在处理客人投诉时，如何设法使客人降温？

18．饭店劳务活动质量主要体现在哪几个方面？

19．客房的发展趋势是什么？

20．什么是小整服务？

21．简述空房的清扫要求。

22．决定棉织品购买数量的因素有哪些？

23．客房部必须完成的任务有哪些？

24．精品饭店通常具有哪些特点？

25．在楼面接待迎客准备工作中，如何做到情况明、任务清？

26．简述饮料服务的要点。

27．简述客房设施发展的新趋势。

28．简述客房服务中心的优缺点。

29．什么是计划卫生？

30．地毯的清洁保养有哪些方式？

31．简述客房部原始记录的主要内容。

32．领班查房的意义是什么？

33．客房常用的表格与报表有哪些？

34．简述清洁剂使用时的注意事项。

35．简述客房设备用品配置的基本要求。

36．设计客房组织机构应考虑的因素有哪些？

37．《旅游饭店星级的划分与评定》（GB/T 14308—2010）中对饭店客房印刷品的要求有哪些？

38．简述走客房的清扫要求。

39．客衣洗涤时应遵守哪些规定？

40．一般哪些物品为客人的遗落物品？

三、应变题

1．当发现客人不懂使用客房的设备时，怎么办？

2．一位住店客人在房间摔跤而受伤，服务员应如何处理？

3．客人住下后，要求调房时，怎么处理？

4．客人反映在客房失窃时，服务员该如何处理？

5．发生火灾时，应如何处理？

6．在楼面发现可疑人，怎么处理？

7．清扫房间时，如果发现房内有大量现金，怎么处理？

8．服务员清扫客房时，客人在房间，应如何处理？

9．清扫客房时，房门上挂有"请勿打扰"牌，应如何处理？

10．当你在岗位上工作时，如有客人缠着你聊天，你应如何处理？

11．晚间有来访者时，应如何处理？

12．如何做好托婴服务？

13．客人投诉叫醒电话未叫醒，应如何处理？

14．服务员发现宾客在饭店内意外受伤，应如何处理？

15．客房部服务员发现客人患突发性疾病，应如何处理？

16．遇到客人投诉，应如何处理？

17．服务员在清洁或服务过程中发现有违禁品，应如何处理？

18．发现客人休克或有其他危险情况时，怎么处理？

19．发现客人有传染病时，怎么处理？

20．客人不在房间而有来访者时，怎么处理？

21．服务员在整理房间时，房间内的电话响起怎么办？

22．叫醒服务时，电话没人接怎么办？

23．收集洗衣时，发现客人没有填写洗衣单怎么办？

24．发现客人在房间内打架或争吵怎么办？

25．饭店突然停电或楼层突然停电怎么办？

26．在楼层上发现客人酗酒怎么办？

27．如何答复客人询问的问题？

28．宾客抱怨小酒吧酒水收费太贵，员工应如何应对？

29．深夜，客人来电说隔壁客人很吵，无法入睡，应如何处理？

30．住客中有病人怎么办？

答　案

一、客观题

（一）填空题

1．洗漱区	2．家具	3．舒适	4．5
5．艺术性	6．住客房	7．住客外宿房	
8．请勿打扰房	9．请即打扫房	10．维修房或待修房	
11．饭店临时自用房		12．高、低一样	
13．客人不在客房		14．洗衣房	
15．搞好清洁卫生		16．20～22℃	
17．每季度	18．交叉培训	19．14:00	20．有效保质期限
21．右边	22．3～5小时	23．主动服务	24．客房设备
25．两小时	26．人力资源	27．15:00以后	28．间断性工作量
29．豪华套房	30．工作业绩	31．潮湿	32．灭火系统
33．价格和质量	34．通风与日照	35．一条否决	
36．满足客人基本普遍需求		37．重点防范区域	
38．送餐服务	39．温馨	40．17:00～21:00	41．起居空间
42．客源市场	43．有油污	44．优雅	45．检查保养设施
46．LSG	47．清洁卫生	48．饭店总机	49．情感服务
50．英国	51．客房设备设施用品质量		52．熨烫
53．规章制度	54．10	55．turn down service	
56．900毫米	57．温感报警器	58．《疏散路线指南》	
59．550～600	60．色彩的搭配	61．10毫米以内	62．300
63．1500毫米	64．两个以上	65．适度	66．饮料消耗表
67．每月一次	68．遗留物品	69．服务项目	70．上光
71．全人员	72．隐私	73．手动报警器	74．客房部
75．约定的打扫时间		76．大于9毫米	77．24小时

（二）判断题

1．（√）

2．（×）"客到、微笑到、敬语到、水果到、鲜花到"应为"客到、微笑到、敬语到、茶水到、香巾到"。

3．（×）"迎前准备、到店迎接、入住日常服务"应为"迎前准备、到店迎接、

73．（√）

74．（×）"可以直接将访客带进客人房间"应为"未经住客同意，不得将访客带进房间"。

75．（√）

76．（√）

77．（√）

78．（√）

79．（×）"漂洗性"应为"去污力"。

80．（√）

81．（×）"1∶6"应为"1∶5"。

82．（√）

83．（×）"楼层服务台"应为"客房服务中心"。

84．（√）

85．（√）

86．（√）

87．（√）

88．（√）

二、简答题

1．答：①成人性；②在职性；③多样性；④速成性；⑤持续性；⑥实用性。

2．答：①以顾客为中心；②促进饭店的持续改进；③预防客房产品不合格。

3．答：①会报警；②会使用消防器材；③会扑救初起火灾；④会疏导宾客。

4．答：①发现客人的遗留物品，要及时送交客人；②如果客人已离开饭店，要积极与客人取得联系并遵照客人要求处理；③无法交还客人的物品，要详细填写宾客遗留物品登记表。

5．答：①设备分类编号；②设备登记；③设备建档。

6．答：①价值不能贮存；②所有权不发生转移；③以暗的服务为主；④随机性与复杂性。

7．答：①招聘准备阶段；②宣传、报名阶段；③考核录用阶段（包括初试、笔试、面试、体检和政审）。

8．答：①客房清扫应于客人不在房间时进行，如客人在房间需征得客人同意后方可进行；②养成进房前先思索的习惯；③注意房间挂的牌子；④养成进房前先敲门通报的习惯；⑤在房内作业时，必须将房间打开，用顶门器把门支好；⑥讲究职业道德，尊重客人的生活习惯；⑦厉行节约，注意环境保护。

9．答：①签领客房钥匙；②准备清洁设备；③了解、分析房态；④确定清扫顺序等。

10．答：①请即打扫房；②总台或领班指示需提前打扫的房间；③VIP房；④走客房；⑤普通住人房；⑥空房；⑦长住房应与客人协调，定时打扫。

11．答：①多样性；②复杂性；③高影响性；④高员工参与性。

12．答：①大堂副理检查；②总经理检查；③联合检查；④邀请店外专家同行检查。

13．答：①必备条件；②设施设备；③饭店运营质量。

14．答：①减量化原则；②再循环原则；③再使用原则；④替代使用原则。

15．答：①对待工作：热爱本职工作、遵守劳动纪律、自洁自律；②对待集体：坚持集体主义，具有严格的组织纪律观念、团结协作精神，爱护公共财物；③全心全意为客人服务、诚挚待客、知错就改、对待客人一视同仁。

16．答：①真诚主动；②礼貌热情；③耐心周到；④舒适方便；⑤尊重隐私；⑥准确高效。

17．答：①认真倾听客人的投诉；②要有足够的耐心；③注意语言；④慎用微笑。

18．答：①服务人员的仪容仪表；②服务人员的礼节礼貌；③服务人员的态度；④服务人员的技能；⑤服务清洁卫生等。

19．答：①服务简便化；②设施智能化；③设备自动化；④设计人性化；⑤客房绿色化；⑥房型多样化等。

20．答：主要是整理客人午睡后的床铺，必要时补充茶叶、热水等用品，使客房恢复原状；有的饭店还规定对有午睡习惯的客人，在其去餐厅用餐时应迅速给客人开床，以便客人午休；等等。一般是为VIP提供的，内容大致与夜床服务相似。

21．答：①每天进房开窗、开空调，通风换气；②用干抹布除去家具设备及物品的浮尘；③每天将浴缸和脸盆的冷热水及便器的水放流1～2分钟；④连续几天为空房的，要吸尘一次；⑤检查客房有无异常情况；⑥检查浴室"五巾"是否因干燥而失去弹性和柔软度，如不符合要求，要在客人入住前更换；⑦给地漏注水。

22．答：①饭店应有的棉织品储存量；②饭店洗衣房工作运转是否正常；③饭店是否经常停水、停电；④由店内洗衣房洗涤还是店外洗衣公司洗涤。

23．答：①打扫好饭店的清洁卫生，为客人提供舒适的环境；②做好客房接待服务，保障客人的安宁环境；③降低客房费用，确保客房正常运转；④协调与其他部门的关系，保证客房服务需要；⑤配合前厅部销售，提高客房利用率。

24．答：①主题性；②差异化的饭店环境；③特殊的客户群体；④服务个性化、定制化、精细化。

25．答：①楼面服务台接到客人开房的通知后，应详细了解客人到店和离店的时间、人数、国籍和身份；②了解接待单位、客人生活标准要求和收费办法；③了解客人的宗教信仰、风俗习惯、健康状况、生活特点、活动日程安排等情况。

26．答：①客房服务员上午在整理客房时，清点饮料，核对或填写点算单，交前台收款处，补充饮料；②领班在指定时间里每天统计、填写楼层饮料日报表，及时补充饮料；③客人走后应立即进房检查、清点，如有饮用，及时通报前台收款处。

27．答：①客房的空间更加宽敞；②卫生间更趋舒适和方便；③客房内设施更趋完善；④大床单人间的比例在逐步增加；⑤对客人隐私更加尊重。

28．答：优点：①节省人力，降低成本；②环境安静，体现"宾客至上"宗旨；③有利于统一调度与控制。缺点：①缺乏亲切感；②随机服务差；③客人感到不便。

29．答：计划卫生指在搞好日常的清洁工作的基础上，定期对清洁卫生的死角或容易忽视的部位，以及家具及设备进行彻底的清扫整理和维护保养，以保证饭店内外环境的洁净和家具设备的良好状态。

30．答：①定时吸尘；②及时除污渍；③定期彻底清洗。

31．答：①客房接待服务工作记录；②物品消耗记录；③洗衣房工作记录；④制服与布草房工作记录。

32．答：①客房清扫质量控制的关键；②现场督促指挥；③执行上级的管理意图；④反馈信息；⑤查遗补漏。

33．答：①服务员工作表；②房务报告表；③周期清洁表或计划卫生表；④领班查房表；⑤客房返工单；⑥房客维修意见表；⑦维修通知单；⑧综合查房表。

34．答：①应有计划地、定期地使用清洁剂做好清洁工作；②应了解各类清洁剂的主要性能，掌握正确的使用方法；③从市场购回的清洁剂多为浓缩液，使用时应按说明书要求进行稀释；④避免使用劣质的粉状清洁剂。

35．答：①体现客房的等级和礼遇规格；②广告推销作用；③客房设施的配套性；④摆放的协调性；⑤以功能需要为转移，功能与美观相统一；⑥既反映现代化需求，又要体现民族风情和地方特色。

36．答：①客房部的清洁范围；②选择服务模式；③楼层服务与清洁岗位的分与合；④确定洗衣房与布件房的关系；⑤洗衣房的归属。

37．答：①内容与实际服务吻合，语言、文字等准确、流畅、清楚；②印刷精美，便于阅读；③图案、色彩与饭店装修总体风格协调，富有美感和文化性；④摆放方式醒目合理，保养良好。

38．答：①客房服务员接到通知后，应尽快对客房进行彻底的清扫，以保证客房的正常出租。②进入客房后，应检查房内是否有客人丢失的物品、客房的设备和家具是否损坏或丢失。若有，应立即报告领班，并记录。③撤换茶水具，并严格洗涤消毒。④对卫生间各个部位进行严格洗涤消毒。⑤客房清扫合格，立即通知前台，以便前台及时出租。

39．答：①明确要求，严格检查；②严格打码，防止混淆；③掌握技术要求，保证衣服洗涤质量。

40．答：①遗落在抽屉或衣柜内的物品，如衣服、围巾等；②具有文件价值的信函和信件，如收据、日记等；③所有有价值的东西，如珠宝、信用卡等；④身份证件。

三、应变题

1. 答：①向客人表示歉意，并做详细介绍；②说话时要注意态度和语言艺术，使客人不至于觉得难堪和不快；③如果客人仍不清楚，则派人去现场示范。

2. 答：①道歉并安慰客人，马上联系医生；②向上级汇报，通知相关部门进行特殊照顾；③陪同上级到房间探病问候，对所发生的事情向客人表示歉意，必要时采用补救措施；④做好事发经过记录，防止类似的事情再次发生。

3. 答：①当客人住下后要求调房时，应了解客人要求调房的原因；②及时与前厅部联系，尽量为客人调整合适的房间，如果房间紧张，一时无法调换时要向客人耐心解释，并表示一旦有空房将马上为其调换；③如果调房原因是房间设备有问题，除为客人调换房间外，还要及时请维修人员来检查维修。

4. 答：①倾听客人反映情况，详细了解客人丢失物品的细节，不做任何结论；②协助客人寻找，但在房间时请客人自己查找，以免发生不良后果；③若确实找不到，要及时向上级汇报；如果是重大的失窃（价值较大），应马上保护现场，立即报告保安部门。

5. 答：①及时发现火源，迅速查清楚失火的燃烧物质；②及时报警，讲清楚详细地址、时间、燃烧物质、火情、报告人等信息；③如果火源燃烧面积较小，可根据火情用水桶、灭火器材、消防栓等进行扑救；④火灾发生时，应迅速打开紧急出口和安全梯，有组织地疏导宾客。

6. 答：①主动上前查问；②如发现对方神态有异样应及时通知保安部，派人处理并向经理汇报；③做好发现可疑人的情况记录。

7. 答：①及时通知领班；②由大堂副理在保安人员及领班的陪同下，将房门反锁；③客人回来后，由大堂副理开启房门，并请客人清点现金；④提醒客人使用保险箱。

8. 答：①清扫过程中动作要轻，速度要快，不能与客人长谈；②如果客人有问话，应注视客人并回答；③如果客人不同意清扫客房，则应将房号和客人要求清扫的时间写在工作表上，以免遗忘。

9. 答：①不予打扰；②及时在工作表上记录；③等客人取下该牌，再进房清扫；④如果到 14:00 房间还是"请勿打扰"状态，应打电话询问或上楼检查此房。

10. 答：①询问客人是否有事需要帮助；②礼貌地向客人解释，工作时间不便长谈；③如果客人不罢休，可借故暂避。

11. 答：①服务员应向来访者讲清饭店会客时间的规定；②访客超过会客时间仍未离店，服务员应礼貌地提醒客人尽快离店；③需留宿的客人，请其到总台办理住店手续。

12. 答：①根据婴儿家长意见照看小孩，确保婴儿安全；②在饭店所规定的区域内照看小孩，不擅离职守；③如婴儿突发疾病应及时联系家长和请示主管人员，以得到妥善处理。

13．答：①向客人道歉；②调查原因，查明是机器故障还是人为的因素，并立即采取措施加以处理，以免再次投诉扩大事态；③若由于叫醒电话确实未叫醒而给客人带来的损失，应根据情况给予适当赔偿。

14．答：①立即报告上级，同时帮助客人，征求客人意见是否去医院；②如果客人伤势较重，应由保安人员配合大堂经理、医务人员与客人家属或朋友一同护送前往医院；③记录客人情况及处理措施。

15．答：①要沉着冷静，立即报告上级；②客房部管理人员应立即与驻店专业医护人员或受过专业训练的员工赶到现场，实施急救处理；③如果病情不严重，经急救处理后，送客人去医院，做仔细检查及治疗；④如果客人患上重症或急症，应立刻通知大堂经理和值班经理，把病人送到医院，绝不可延误时间；⑤事后写出报告（列明病由、病状及处理方法和结果）。

16．答：①认真倾听，适当记录；②表示同情和歉意并真诚致谢；③立即行动，及时处理；④认真落实，监督检查；⑤记录存档。

17．答：①详细记录并及时上报，必要时请保安部出面处理；②不得私自翻动客人的违禁物品；③严禁私自处理客人遗留的违禁物品，更不要延时上交、上报；④记录处理情况。

18．答：①立即通知上级采取相应措施；②不得随意搬动客人，以免发生意外；③事后写出报告（列明病由、病状及处理方法和结果）。

19．答：①关心安慰客人，稳定客人情绪；②请驻店医生为其诊断；③确认后将客人转到医院治疗；④请防疫部门对客人住过的房间进行消毒；⑤彻底清洁客房，销毁客人用过的棉制品及一次性用品。

20．答：①可请来访者在大堂沙发上坐等或建议他出去走走，待会再来；②千万不能让来访者私自到客人的房间；③如来访者在大堂等候可主动送上茶水。

21．答：①不能随便接听客人电话，以免造成各种嫌疑和不便；②如碰到客人回到房间可告知客人具体时间有来电。

22．答：①客人提出叫醒要求时，服务员要根据客人要求在叫醒时间表或交班记录表上做好详细记录，叫醒客人的时间必须准确；②房间无人接听电话时，应立即通知楼层，当值服务员去敲门，确实做好叫醒客人的服务。

23．答：①如果客人在房间，要请客人补填洗衣单；若客人要求代填写，服务员填写完毕后要让客人过目，签名确认。②如果客人不在房间，则该袋洗衣不能收集。但如果长住客人已口头吩咐，长住客可以收集送洗，等客人回来之后再提醒客人。

24．答：①马上通知楼层主管或客房部办公室及保安；②不要擅自为客人解决问题；③不要看热闹；④把发生的情况写在交班记录表上。

25．答：①不要大声喧哗、惊慌，应马上通知工程部（客房办）检明原因；②不要随处跑动；③如有客人询问应向客人解释；④随时帮助客人。

26．答：①客人酗酒后有的会大吵大闹或破坏饭店财物或呕吐甚至不省人事；②在楼层发现酗酒客人时，要根据醉客的情绪，适时（当）劝导，使其安静，同时立即通知上级和饭店的保安人员；③协助将客人安置回房休息，但要注意房内动静，及时采取措施避免客房家具受到损坏或因醉客吸烟不慎而造成火灾；④对醉客进行帮助是必要的，但服务员在楼层走廊遇见醉客回房时，切忌单独搀扶客人进入房间或帮助客人解衣服等，以免造成不必要的误会。

27．答：①了解（细听）客人问询的内容；②在已清楚的情况下尽快给客人答复。③在自己不清楚的情况下，不要胡乱作答，在查询清楚后，才可告知客人。

28．答：①不能顶撞或轻视宾客的行为；②耐心倾听并认真解释："先生/女士，对不起，饭店的收费标准是根据国家有关物价局标准制定的，相信您的消费是物有所值的"；③如经过解释宾客仍不能接受，可通过上级或大堂副理向宾客做进一步解释工作。

29．答：①向客人表示歉意，问清房号（包括嘈杂的房间号）；②打电话或是亲自前往房间，劝告喧哗、吵闹的客人；③如问题无法解决，则建议客人转房。

30．答：①住店客人生病时，服务员应关心客人，及时报告医务室和主管；②多送开水；③病情严重时及时送医院，如无家属陪同应暂时陪同护理，设法尽快通知病人家属或接待单位；④如发现客人患有传染病，则客人使用过的房间、茶具应在医生指导下进行严格的消毒处理。

参 考 文 献

陈丽敏，2012. 客房服务[M]. 重庆：重庆大学出版社.

范运铭，陈莹，2012. 客房服务与管理[M]. 3 版. 北京：高等教育出版社.